치유와 회복의 영성

추천의 글 1

보라 새 것이 되었도다

"그리스도 안에 있으면 새로운 피조물이라 이전 것은 지나갔으니 보라 새 것이 되었도다"(고후 5:17).

우리의 삶은 매일 같이 새로운 날의 연속입니다. '춘추좌전'에 나오는 '제구포신'(除舊布新) 곧 '묵은 것은 제거하고 새로운 것을 펼쳐낸다'라는 것과 같이 우리의 삶도 그 자체입니다. 이전에 품은 꿈과 비전도 새 날에 새로운 꿈과 비전으로 거듭나는 삶이 되는 것입니다.

저자는 새로운 주제를 바탕으로 끈임 없이 독자들과 소통하며 감명 주는 글을 집필을 하고 있습니다. 이러한 필력(筆力)은 평소에 많은 책을 읽으며 자료들을 정리했던 것들이 현장감으로 나타난 줄로 압니다. 그간 많은 책을 저술한 저자는 비전교회 지체로서 함께 신앙생활을 할 수 있다는 것이 담임 목사로서 기쁨이요 행복입니다.

　문암 그의 청소년 시절의 삶은 자연과 더불어 살았고, 자연을 벗 삼는 가운데 하나님의 창조 섭리를 느낀 점들을 글로 표현한 것이라 생각합니다. 그는 신학과 상담학을 전공한 평신도 사역자로 살면서 많은 경험들을 삶으로 표현한 글이라 믿어집니다.

　저자는 『치유와 회복의 영성』에서 자기 발견과 회복을 다루면서 창조주 하나님, 마음속의 하나님, 자연속의 하나님, 창조 질서와 자연과 인간, 그리고 자연과 살아가고 휴식을 취하며 오묘한 인간의 육체를 글로 표현했습니다. 또한 사계절을 묵상하면서 자연의 수호자인 흙을 통한 우리의 육신이 흙에 태어나서 흙으로 돌아가는 인생 순환과 자연을 통한 치유와 회복을 이야기 하고 있습니다.

　그는 시대적인 환경에서 나름대로 마음과 심령이 지쳐 있는 이들을 위해 하나님이 주신 생명의 진리의 말씀과 자연의 풍성한 이야기를 동반한 삶의 일상에서 발견되는 사실적인 것들을 자연스럽게 풀어서 독자들의 마음을 보듬고, 회복의 과정을 제시하고 독자들 스스로 회복의 길로 갈 수 있도록 안내하고 있습니다.

　한편으로 마음속 깊이 자신만이 간직하고 있는 아픈 기억들을 표출하기는 쉽지는 않지만 그렇게 드러냄으로서 치유와 회복의 길로 나아가는 것을 제시합니다. 필자는 이 글의 원고를 읽으면서 느낀 점은 저자가 주님의 만지심을 경험하고 체험한 흔적들을 발견할 수 있었습니다. 우리가 살아가는 세상은 혼자서는 살 수 없는 세상입니다.

이와 같이 저자는 체험하고 경험한 것들과 한 걸음 더 나아가 오랫동안 호스피스 봉사를 통해 얻어진 값진 지식을 바탕으로 이 한 권의 책에 담은 것이 진심으로 아름답게 결실되어 모든 이들에게 전해지기를 기대합니다.

아무쪼록 이 한 권의 책을 통해 하나님의 창조 섭리를 깊이 깨닫고 자연에 순응하며 살아가는 우리 모두의 삶 되기를 간절한 마음을 담아 독자들에게 일독을 권하면서 수고와 노력의 결심이 '좋은 나무되어 좋은 열매 맺기'를 간절한 마음에 소원을 담아 기도하며 추천의 글을 마칩니다.

비전교회
담임 목사 김 혁

추천의 글 2

은혜와 사랑에 감사

저자와의 만남의 인연은 그야말로 하나님의 크신 은혜라고 저는 고백합니다. 제가 신학교 시절, 저자가 근무하는 사무실 앞을 지나가며 행상으로 생계를 유지하고 야간으로 신학 공부를 할 때였습니다. 그때가 2학년 2학기 겨울방학이었는데 저자가 지나가는 저를 불러 추운 날씨에 고생한다면서 잠시 사무실에서 추위를 녹이고 가라며 배려를 아끼지 않았습니다. 그 일이 저자와의 첫 만남이었고, 그 후 사무실 앞을 지날 때마다 들러서 차를 마시며 대화를 나누는 중 여의도 같은 교회를 다니게 된 것을 알게 되었습니다.

그렇게 하나님께서는 돕는 손길을 예비하셔서 저자와의 인연을 맺게 하셨고, 생선 행상을 하던 저를 사무실 아르바이트로 채용해 주셔서 2년간 신학교재 전문출판사에서 함께 일하게 하셨습니다. 그리고 신학교 동기라는 인연을 맺게 해주셨습니다.

옛말에 '친구 따라 강남 간다'는 말이 있듯이 저자는 제가 다니는 신학교 야간부 3학년에 편입을 하여 2년을 함께 공부를 하게 되었습니다.

당시 저자는 신학대학원에서 박사 과정 중에 있었습니다. 어떻게 보면 겸손과 사랑의 아이콘이었습니다. 함께 공부하면서 동기생들에게 힘든 학업을 지도해 주고, 어려운 환경에 처해 있는 동기생들과 함께하는 등 많은 은혜를 끼친 저자는 저의 절대적 친구입니다. 특히 저의 가정에 두 아들들이 있는데 저자를 큰아빠라고 부르기도 했습니다.

그렇게 세월은 흘러 저는 여의도순복음교회 전도사를 시작으로 목사 안수를 받아 사역할 때였습니다. 그 무렵 저자는 장로 장립을 받고 교수로 재직하며 교회의 중책을 맡아 선교국에서 시무하던 때, 저자 문암은 저를 아프리카 가나 선교사를 제안하였습니다. 기도 가운데 젊었을 때 선교사의 경험을 쌓아보는 것도 괜찮다는 생각을 하고 저는 아내와 두 아들과 아프리카 가나 선교사의 길을 결심했습니다.

저는 그렇게 그곳 아프리카 가나 테마순복음교회에서 2년 6개월을 사역하던 중 아내의 갑작스런 병으로 귀국하여 강남세브란스병원에서 검사를 받은 결과 위암 판정을 받고, 손쓸 겨를도 없이 2개월 만에 아내인 사모는 저의 품에서 하나님의 부름을 받게 된 사건이 있었습니다. 친구인 저자는 말할 수 없는 고통 속에서 번민하고 있었습니다. 왜냐하면 자신이 아프리카 선교사를 권유했기 때문입니다. 저자의 생각에는 저와 사모와 아이들을 사지(死地)로 몰았다는 생각을 한 것입니다.

그렇게 아픈 추억의 시간과 세월이 흘러 어느덧 우리는 고희(古稀)를 넘겼으며, 아픔 또한 아름다운 인연으로 추억하고 있습니다. 그때 그 추억을 마음에 새기며 난생 처음 존경하는 친구의 『치유와 회복의 영성』의 원고를 읽고 저의 간증을 곁들인 추천의 글을 써 봅니다.

저는 여의도순복음교회에서 선교사 파송 2년 6개월 이후 귀국하여 다시 본 교회로 돌아와 저자의 권유로 호스피스 교육을 받았으며, 당회장 조용기 목사님의 지시에 의해 호스피스 교구를 신설하여 초대 교구장을 역임했습니다.

저자는 그 무렵 본 교회의 모든 직책과 직분을 내려놓고 아픈 사연을 가슴에 묻고, 작은 교회를 섬겨 보겠다며 떠났습니다. 그리고 친구는 저를 위로하는 마음으로 『아름다운 이별을 위한 하나님의 선물』이라는 책을 집필 발간하게 되어 많은 호스피스 관련 봉사자들에게 읽혀지는 명저가 되기도 했습니다.

친구 저자가 본 교회를 떠난 몇 년 후인 2006년 7월 릭워렉 목사님을 초청하여 본 교회에서 집회가 있을 때 친구는 섬기는 교회 담임 목사님과 집회 참석 중 저의 교구사무실을 찾아와 인사를 나누고 다과를 한 적도 있습니다.

이렇게 세월이 흘러 저는 여러 보직을 거쳐 지금은 은퇴 후 검단교구에서 원로 목사로 섬기며 일산에 거주하고 있습니다.

친구 저자의 『치유와 회복의 영성』은 그야말로 현장에서 있었던 경험과 이야기들을 집약한 책으로서 창조주 하나님을 다시금 알아가며 생명의 근원을 깨닫고 자연과 더불어 살아가는 현장을 소개한 살아 숨쉬는 글이라 생각합니다.

이 글의 원고를 읽으면서 많은 시간 상념에 잠기기도 했습니다. 지나온 세월을 거슬러 올라갈 수만 있다면 이런 아픈 추억의 상처는 없지 않았을까하는 생각도 해 봅니다. 마음의 상처를 안고 살아가는 저자인 친구의 마음을 위로합니다.

끝으로 하나님께 귀하게 쓰임 받는 작가로서의 사명을 주님 오시는 그날까지 은혜가 흘러넘치도록 함께하기를 마음 깊이 응원하며, 또한 내조로서 언제나 함께하시는 권사님께도 인사를 전합니다. 늘 두 분의 사랑과 인정(人情)이 넘치는 은혜에 다시 한 번 감사한 마음을 담아 전합니다.

아프리카 가나 선교사를 지낸, 저자와의 절친
이영신 목사

- 이영신 목사 테마순복음교회 10주년 초청 간증 집회 -

서부아프리카 가나 테마순복음교회(담임 문기중 목사) 창립 10주년 기념축복성회가 지난달 17일 있었다. 이날 설교에는 10년 전 가나테마순복음교회를 개척한(1대 담임) 이영신 목사(2008년 초청 당시, 남대문성전 담임)가 말씀을 전했다. 이날 예배는 성도들의 은혜로운 찬양과 성령 충만한 성도들의 기도로 가나에 일어날 제2의 부흥을 예고했다.

이영신 목사는 10년 전 가나 원주민 선교사 파송장을 받고 떠나 가정집 거실을 빌려 성전으로 사용하며 테마순복음교회를 창립하게 된 이야기를 전했다. 또한 전 재산을 강도에게 잃어버리고도 감사로 기도하며 2,000평의 교회 성전 부지를 얻게 된 것, 열악한 상황 속에서 복음과 교회건축에 매진했던 시간들을 회상했다. 이어 테마순복음교회는 하나님의 강권적인 역사로 세워졌고 가나 복음화에 주춧돌이 될 것이라고 강조했다.

지역사회의 주요 인사들도 축복예배에 참석해 테마순복음교회 10주년을 축하했다. 주 가나 한국대사 위계출 대사와 가나하나님의성회 전 총회장 아조레 목사가 축사했다. 지금은 2대 담임 서상욱 목사에 이어 3대 담임인 문기중 목사가 시무하고 있는 테마순복음교회는 우리 교회와 아프리카선교회의 후원, 성도들의 헌신과 노력으로 선교센터와 3개의 원주민 교회를 세우고 부카리코페 초등학교를 개교해 원주민 사역에 박차를 가하고 있다.

- 2008년 2월 29일자 순복음가족신문 제공 -

추천의 글 3

열정을 품는 좋은 기회

태초에 하나님이 창조하신 이후 셀 수 없는 무수한 세월이 흘렀다. 피조물인 인간은 그 흐름의 역사에서 벗어날 수 없다. 그리고 우리는 새해를 맞이하였다. 이전 것은 지나갔으니 한 해 동안 비전을 품고 주님이 맡겨주신 사명을 감당하기 위하여 믿음의 방패를 가지고 좌로나 우로나 치우치지 말고 오직 십자가 푯대를 향하여 달려가는 소망을 가져본다.

문암 염성철 박사가 이번에 『치유와 회복의 영성』을 출간하게 되어 마음을 다하여 축하한다. 저자는 지난해 12월에도 『그 마음 참』을 출간하여 독자들에게 큰 사랑을 받고 서점에서도 호평을 받고 있다. 본 책을 통하여 문암은 시대적인 환경에서 나름대로 마음과 심령이 지쳐 있는 이들을 위해 하나님이 주신 생명의 진리의 말씀과 자연의 풍성한 스토리를 동반하여 삶의 일상에서 발견되는 사실적 이야기를 자연스럽게 풀어 가면서 독자들의 마음을 보듬고 힐링의 과정을 제시하고 독자들이 스스로 회복의 길로 갈 수 있도록 안내하고 있다.

저자는 강원도 강릉에서 청소년 시절을 보내며 그곳에서 자랐다. 흙 내음이 물씬 풍기는 농경의 생활 터전에서 자연의 소중함을 간직하고 성장하였다. 바다와 산이 조화를 이루고 무한한 수평선을 보면서 꿈을 키웠다. 고향 지천이 아름다운 향기를 발산하는 생활은 저자인 문암이 문학적인 영감을 갖도록 크게 제공해 주었다고 본다.

하나님은 태초에 하늘과 땅을 창조하셨다. 그리고 인간은 그 자연에서 영원한 세계를 누리고 행복한 삶을 이어갔다. 이처럼 사람은 죄로 인하여 오염된 육과 마음을 치유하고 회복하는 것은 매우 중요하다. 말씀이신 하나님이 육신의 옷을 입고 이 땅에 오신 것은 죄성을 갖고 있는 죄인을 십자가의 보혈의 능력으로 구원하시려는 희생과 아가페 사랑의 정신으로 기꺼이 오셨다.

문암 그는 신학과 상담학을 전공하면서 전문가적인 능력을 갖추었다. 그 과정에서 호스피스 사역을 하면서 죽음에 직면해 있는 환우들을 섬기는 귀한 사역을 하였다. 평소에는 느낄 수 없었던 인간의 깊은 애환을 통하여 주님이 주시는 은혜를 받고 그 이야기들을 풀어 가면서 의학적으로 해결해 주지 못하는 것을 하나님의 말씀과 자연이 주는 소중한 자원으로 회복을 경험하도록 권면하고 있다.

사람은 누구나 크고 작은 아픔을 안고 살아간다. 필자도 초등학교 시절에 여동생을 저 세상으로 먼저 보냈고, 고등학교를 졸업한 후 아버지가 소천하면서 가정이 안정이 못 되어 광야의 길을 걸으며 말로 표현 못하는 아픔과 고난의 세월을 살았다. 지나온 어려운 과정의 삶에서 못다 한 효도를 하고 싶었지만 천국에 먼저 가신 어머니를 생각하면 마음이 저려 온다.

자신이 잘 알고 있지만 상처의 덩어리를 쉽게 표출하기가 쉽지 않다. 심각한 문제성은 인지하고 마음으로 고통을 감수하면서도 왜 그렇게 드러내기가 어려운지 우리는 누구보다 그것을 알고 있다. 독자가 특정한 이에게 각종 트라우마(trauma)에 관하여 말하기가 어렵다면 저자 문암이 연초에 출간한 『치유와 회복의 영성』이 소중한 책을 읽기를 강력히 권한다. 독서하면서 주님을 만나고 생명의 말씀으로 성령의 기름 부으심으로 치유를 받고 하나님이 창조하신 사계절의 자연을 밟으며 아주 가까이 체험을 하는 모든 과정에서 이전보다 심신이 좀 더 건강한 모습으로 발전하기를 기대한다. 나의 생활 속에서 인간관계와 하나님과 영적인 소통에서 한 단계 성숙 할 수 있기를 소망한다.

이처럼 저자 문암은 가까운 우리들의 생활에서 보고 듣고 걸으며 체험할 수 있는 시간과 공간들을 소개하면서 하나님이 창조하신 자연과 더불어 적극적으로 동행할 것을 권면한다. 남녀노소 이 땅의 사람들은 누구나 육체가 아프다. 무엇보다 마음과 영혼은 더욱 나를 힘들게 한다. 죄와 질병의 굴레에서 벗어나지 못하고 살아가는 인생이 많다. 하지만 문제가 있으면 답이 있는 것처럼 자신을 진단하면서 정독을 통하여 독자들은 하나님의 큰 은혜를 체험하게 될 것이다. 그리고 심신이 한결 가벼워지고 전보다 활기찬 희망을 가지고 삶의 현장에서 더 열정을 품을 수 있는 좋은 기회가 될 것이다.

사람이 하나님의 창조 질서를 거역하며 산다는 것은 매우 슬픈 것이다. 하지만 죄악을 회개하고 예수 생명을 내 안에 모시고 신앙으로 행복한 세상에서 너와 내가 산다는 것은 감사한 것이다. 주님의 말씀과 자연을 통한 치유와 회복의 길로 다가갈 수 있는 탁월한 이야기를 통하여 독자들은 전에 맛보지 못했던 마음의 평강과 내일의 소망을 품고 삶의 자리에서 하늘의 기쁨으로 살아가는 영적인 에너지를 풍성하게 받게 될 것으로 확실히 기대하고 강력히 추천한다.

최선 박사(Ph. D., Th. D.)
세계로부천교회 위임 목사, 방송설교가, 시인작가

차 례

추천의 글 1 _ 보라 새 것이 되었도다 / 3
             2 _ 은혜와 사랑에 감사 / 6
             3 _ 열정을 품는 좋은 기회 / 11

프롤로그 _ 은혜를 나누는 마음으로 / 17
감사의 글 _ 그 세월 참! / 22

Part 1 자기 발견과 회복 / 27

창조주 하나님 · 29
자연과 인간 · 48
오묘한 육체 · 62
새로운 피조물 · 81
영성훈련 · 98

Part 2 자연의 선물 / 123

흙(土) · 125
물(水) · 147

치·유·와·회·복·의·영·성

햇볕 · 163
숲(森) · 177
채소와 열매 · 193

Part 3 사계절 묵상 / 301
봄(春) · 213
여름(夏) · 228
가을(秋) · 242
겨울(冬) · 261

에필로그 _ 자연과 더불어 / 277

프롤로그

은혜를 나누는 마음으로

하나님의 은혜는 끝이 없습니다. 하늘보다 높고, 대지보다 넓고, 바다보다 깊습니다. 하지만 우리가 살면서 깨닫고 누리는 은혜는 지극히 미미합니다. 자연과 더불어 하나님이 주신 은혜는 서로 나누어야 합니다. 그것이 은혜를 주시는 목적입니다.

아름다운 자연 환경은 몇몇 사람이 누리기에는 너무 아깝습니다. 아름다운 자연 환경 속에서 나누고 싶은 말들이 많아지게 되었습니다.

필자는 오래 전 샘물호스피스 원 목사님으로부터 호스피스 교육을 받고 자원하는 마음으로 함께 했던 많은 시간, 이후 일산으로 거처를 옮기면서 또 다른 곳에서의 호스피스 사역을 한 지가 십수 년이란 오랜 세월이 흘렀습니다.

그러던 중 아프리카 가나에서 선교사역을 하던 친구 목사 사모가 갑작스럽게 풍토병으로 귀국하게 되어 정밀검사를 받은 결과 풍토병은 고사하고 위암 판정을 받고, 2개월 만에 40대 중반의 젊은 나이에 하나님의 부름을 받은 충격적인 일을 겪게 되었습니다. 사모의 육신은 오산리금식기도원 묘역에 잠들어 있습니다. 저는 기도원을 찾을 때마다 아내와 사모의 묘역을 들리곤 합니다.

이 글의 탈고를 마친 지난해 12월 29일에도 먼발치에서 사모의 묘역을 바라보고 왔습니다. 신학교 동창인 목사님은 필자와는 절친이었고, 선교사역을 위해 머나먼 아프리카 가나까지 동행하며 서울에서 선편으로 보낸 집기와 용품들을 정리와 사역을 공유하고 필자는 돌아왔지만, 그곳에서의 장기적인 사역의 계획들을 진행하며 지내던 2년 6개월이라는 세월이 흐르던 때 일어난 사건이었습니다. 그는 사모의 갑작스런 죽음으로 모든 것을 내려놓게 되었습니다. 그때 필자는 오랜 번민 끝에 상심하고 있는 친구 목사를 위로하기 위해 집필하여 출간한 첫 번째 책 『아름다운 이별을 위한 하나님의 선물』을 사모님께 올려드린 적이 있습니다.

생각해보면 많은 사람들은 건강의 적신호가 나타나야 비로소 건강을 위해 뭔가를 해야겠다는 각성을 합니다. 그러나 이미 때를 놓친 경우가 많습니다. 환우들을 대할 때마다 조금만 일찍 알았더라면 하는 아쉬운 마음을 갖습니다.

요즘은 예방의 중요함을 절실히 느낍니다. 예방은 하기도 쉽고 간편할 뿐 아니라 건강을 잃고 난 다음에 몸을 회복시키는 것보다 경제적으로나 정신적으로 편합니다.

우리의 건강을 해치는 요인은 햇볕의 부족, 공해로 인한 공기 오염과 식수 오염, 소음, 영양실조, 음수량 부족, 운동 부족, 정신 불안, 과로, 휴식 부족 등입니다. 이 모든 문제는 자연을 가까이 하는 생활 습관으로 해결할 수 있습니다.

한편 홍천에 있는 사랑이 있는 마을에서 암 환우들을 돌보며 지내던 또 다른 친구 목사님이 운영하는 그곳의 경관은 한 폭의 그림처럼 수려합니다. 뒤편에는 어머니의 품과 같은 산들이 병풍처럼 둘러 있고, 그 숲속에서는 신선한 공기가 뿜어져 나오고 있습니다. 바위를 뚫고 솟아나는 맑은 물과 깨끗한 햇볕이 있습니다.

그곳은 하나님을 가까이 하면서 우리의 마음을 다스리고 치유와 회복을 경험할 수 있는 최적의 장소입니다. 하지만 그 목사님은 70세의 일기로 2023년 2월 하나님의 부름을 받았습니다. 그는 20여 년 전 폐암 말기 판정을 받고 지금까지 하나님의 은혜로 살아왔습니다.

필자와는 동갑인 친구 목사님과도 오랜 세월을 함께하면서 많은 책을 발간하기도 하고 이야기를 나누는 것들을 이제 공유하기 위해 이 책에 담습니다. 부족함을 느끼지만 그간 경험하며 모아 놓았던 자료들을 통해 함께 은혜를 나누기를 소망하며, 그간 많은 분들과의 만남을 가졌던 그리고 대화 내용을 토대로 글을 쓰게 되었습니다. 필자는 신학을 마치고 문서선교의 사명으로 목회의 길을 걷지는 않았지만 마음의 부담을 느끼며 초심을 잃지 않기 위해 틈나는 대로 설교문을 작성하고 칼럼을 쓴 것들을 여기에 적용했습니다.

특별히 분주한 목양 사역에도 불구하고 필자를 위해 추천의 글과 후원으로 힘을 실어주신 필자가 섬기는 비전교회 김 혁 담임 목사님께 존경하는 마음과 고마움을 전합니다. 그리고 언제나 밝은 얼굴에 묻어나는 행복 바이러스를 전파하시는 사모님의 사랑과 기도에 감사를 드립니다.

끝으로 사랑하는 친구 목사님께 감사하며 서로의 마음을 주고받을 수 있는 친구로서의 우정을 천국의 소망을 바라보며 살아가는 동안 함께하는 평강의 삶이기를 기도합니다. 또한 항상 가까이에서 필자와 교제를 나누며 필자가 어려운 부탁을 드려도 기꺼이 도움을 주시고 추천의 글로 함께하는 존경하는 시인 작가이신 최선 박사님의 방송 사역과 목양 사역에 응원을 보내며 깊은 감사를 드립니다.

아무쪼록 이 작은 책을 통해 조금이나 치유와 회복에 도움이 되기를 바라는 간절한 마음을 담아봅니다. 그리고 언제나 곁에서 동역하는 사랑하는 아내에게 절대적 고마움을 담아 전하며, "주께 힘을 얻고 그 마음에 시온의 대로가 있는 자는 복이 있나이다"(시 84:7)라고 하신 말씀처럼 새 힘을 얻어 여호와의 궁정을 사모하는 삶을 살아가기를 기도합니다.

자택 서재에서

文岩 염성철

감사의 글

그 세월 참!

　세월은 유수(流水)와 같습니다. 어느덧 2023년 한 해의 끝자락에서 탈고를 마치고 원고의 교정을 봅니다. 연초에 한해의 계획을 세우기 위해 기도하며 목표를 정하고, 또한 집필의 계획을 세우며 지낸 시간의 풍상(風霜) 속에서 일년이 바람과 함께 사라져 버렸습니다. 쉼 없이 달려온 세월이 어떻게 보면 야속하리만큼 지나버렸습니다. 마지막 하루를 남겨 놓고 한해를 돌아보며 감사의 글을 쓰려고 하니 하나님께 드려진 것은 없는데 감사의 조건들만이 주마등같이 스쳐 지나감은 죄송한 마음과 동시에 또한 감사와 은혜의 마음이 밀려옵니다.
　오늘날에 이르러 누구나 살아가는 여건이 어렵다고 말합니다. 하지만 먹고 살 수 있는 은혜를 베풀어 주셨고, 헐벗지 않게 하시고, 쉬며 누울 수 있는 장막을 주심을 감사합니다. 하지만 더 많은 것을 구하는 것은 과욕이요 죄악입니다. 위에 것을 바라보지 않고 아래 것을 바라보며 살아온 삶과 주어진 환경 속에서 감사의 조건을 찾으며 무수히 많은 감사의 아름다운 열매가 맺혀 있음을 확인할 수 있습니다. 늦은 비 특새를 마친 12월 마지막 토요일 아침, 이 글을 쓰는 중에 아내는 정성으로 맛있는 아침식탁을 준비하면서 서재에서 이 글을 쓰고 있는 저에게 '여보! 밖에는 눈이 펑펑 내리네요'라고 합니다. 창밖을 내다보니 하늘로부터 하얀 눈을 내려주시는 아름다운 풍경을 보면서 문득 떠오른 분들에게 톡으로 감사의 마음을 몇 글자 담아 보냈습니다.

눈 내리는 이 아침, 감사의 글을 쓰는 아름다운 시간입니다. 저의 특별한 감사는 먼저 오늘 이 순간까지 함께할 수 있는 가족을 주신 하나님께 감사를 드립니다. 두 손과 열 손가락으로 이렇게 타이핑을 하며 글을 쓸 수 있는 은혜를 주심도 감사합니다. 이렇게 적다보면 밤을 지세우리 만큼 감사의 조건이 생깁니다. 왜 감사의 조건을 크고 작음에 순서를 두고 살고 있을까요. 감사는 조건과 부피와 질량을 따지는 것이 아닌 조건 없는 무조건적인 감사입니다.

이 시간 이 글을 쓰면서 다음 책의 제목을 떠올리게 하는 영감을 주신 것에 감사합니다. 그 제목은 『그 마음 참』에 이어 〈그 세월 참!)입니다. 우리가 아무리 100세 시대를 산다고 하지만 고희(古稀)를 넘긴 저에게는 하루하루가 하나님의 은총의 삶이며 눈을 뜬다는 자체가 기적과 같은 감사입니다.

새벽에 잠자리에서 눈을 뜨면 '하나님! 오늘도 새 날을 주심을 감사합니다'라고 기도를 올립니다. 왜냐하면 시편 기자는 "우리의 연수가 칠십이요 강건하면 팔십이라도 그 연수의 자랑은 수고와 슬픔뿐이요 신속히 가니 우리가 날아가나이다"(시 90:10)라고 한 것을 보면, 우리의 수명이 그리 길지는 않다는 것입니다. 이 시간부터는 하루하루를 값없이 주시는 주님의 은총으로 살아가는 날들입니다.

이제 쏜 화살과 같이 날아가는 세월을 생각하면 얼마 남지 않은 여생을 하나님을 기쁘시게 하는 일에 최선을 다하는 삶이 되기를 기도합니다. 그리고 저에게는 새해 93세가 되시는 어머니가 계십니다. 혼자 사시면서 식사를 해결하시고 정신이 흐리지 않으시며 『날마다 하나님과 함께』라는 책을 저술한 지 3년이라는 세월이 흘렀지만, 그간 다 적지 못했던 글을 지금도 쓰고 계신다는 것은 저에게는 더 없는 감사입니다.

최근 어머니의 책 『날마다 하나님과 함께』를 읽어 보신 분이 저의 출판사로 전화를 했습니다. 대뜸 어머니 전도사님을 꼭 한 번 만나보고 싶다고 하여 그분의 사연을 듣고 만나게 해 준

적이 있습니다. 그분은 어머니의 글을 읽고 자신이 너무나 신앙생활을 제대로 하지 못했다는 안타까운 마음에서 어머니께 감사를 드리고 싶어서였다는 것입니다. 이후 한 두 차례 더 방문한다고 연락이 왔습니다.

감사를 싫어하는 사람은 아무도 없습니다. 감사하면서 짜증 내는 사람은 없을 것입니다. 적어도 '감사합니다'라고 말하는 순간에는 짜증이나 불평이나 원망이 자리 잡지 못할 것입니다. 감사를 듣는 사람도 행복합니다. 행복해 하는 상대방을 보면서 감사를 고백한 사람도 행복합니다. 하는 사람도 받는 사람도 다 행복해 지는 것이 감사입니다. 그러나 감사에는 우리가 알고 있는 것보다 더 큰 힘이 있습니다.

니시다 후미오가 쓴 『面白いほど成功するツキの大原則』(오모시로이호도 세에코오스루 츠키노 다이겐소쿠)이라는 책이 있습니다. 직역하면 〈재미있을수록 성공하는 쓰키의 대원칙〉인데 우리말로는 『된다, 된다, 나는 된다』라고 번역되어 출간된 책입니다. 아무튼 이 책의 저자는 성공하는 사람이 되기 위해서, 행복한 인생을 살기 위해서, 가장 중요한 것이 바로 '감사'라고 말하고 있습니다. 내용을 보면 이렇습니다.

감사는 편도핵을 100% 기분 좋은 상태로 만든다. 감사할 때 우리의 뇌는 완전한 행복을 느낀다. … 슈퍼컴퓨터는 무엇인가에 감사할 때 100% 안심하고, 100% 자기 방어로부터 해방되며, 100% 유쾌해지는 불가사의한 메커니즘을 갖고 있다.

그러므로 거짓말이라도 좋다. 감사하자. 감사하는 쪽이 이기는 것이다. 오늘 하루에 대해 감사하고, 자신의 삶에 감사하고, 살아 있는 것에 감사하고, 부모와 가족에 대해 감사하고, 직업에 대해 감사하자. … 감사하는 마음이 있으면 그 대상은 반드시 긍정적으로 보인다. 나는 매일같이 아내에게 감사하며 사는데, 희한하게도 세월이 흐를수록 아내가 아름다워 보인다. … 가족이나 친구는 물론 직장의 라이벌, 심술궂은 상사, 까다로운 거래처 담당자에게마저 감사하고 싶어진다.

그렇습니다. 오늘도 감사한 마음으로 하나님께서 주신 사명과 소명을 따라 최선을 다하며 감사의 조건이 마르지 않고 살아가는 행복한 삶이기를 간절한 마음을 담아 기도해 봅니다.

Part 1
자기 발견과 회복

창조주 하나님
자연과 인간
오묘한 육체
새로운 피조물
영성훈련

창조주 하나님

인생에서 가장 중요한 것은 나를 아는 일입니다. 나를 알아야 정체성이 생깁니다. 이 세상도 내가 있기에 그 존재 의미가 있는 것인데 나를 모르고 산다면 그 사람은 어둠과 혼돈 속에 사는 것입니다.

자기를 아는 것이 최대의 지혜입니다. 소크라테스는 아테네의 젊은이들에게 "너 자신을 알라"고 가르쳤습니다. 지금도 인간 탐구가 계속되고 있지만 명확한 답이 없습니다. 나를 아는 일은 간단한 것이 아닙니다. 그러나 하나님을 만나면 나를 알게 됩니다. 하나님을 아는 지식은 나를 아는 지식으로 이어지기 때문입니다.

오늘날 많은 지성인들이 자신을 무신론자로 자처하는 것을 스스로의 긍지인양 생각합니다. 오만을 피우고 고집을 부리기 일쑤입니다. 그리고 신앙을 이성의 문을 부수고 들어오는 불청

객으로 오인하고 있으나 신앙은 이성의 문을 조용히 두드릴 뿐입니다.

젊은이들은 "너는 청년의 때에 너의 창조주를 기억하라 곧 곤고한 날이 이르기 전에, 나는 아무 낙이 없다고 할 해들이 가깝기 전에"(전 12:1)라는 전도자의 충고를 외면하지 말아야 합니다. 마음의 어둠을 밝히기 위해서는 신앙의 창문을 열어야 합니다. 그 속에 태초에 혼돈을 물리친 창조의 빛, 참 빛이신 그리스도의 빛, 진리의 빛이 비춰져야 합니다.

마음속의 하나님

불신앙과 회의주의의 안개 속에서 많은 사람들이 하나님이 정말 계신지 의심을 품고 있습니다. 속 시원하게 하나님의 존재를 증명하고 싶습니다. 그런데 성경을 보면 하나님의 이야기로 가득하지만 하나님의 존재에 대해서는 논리적으로 설명하고 있지 않습니다.

시편 14편 1절을 보면 그 이유를 알 수 있습니다. 시편 기자는 "어리석은 자는 그의 마음에 이르기를 하나님이 없다 하도다"라고 말씀하고 있습니다. 하나님이 없다고 하는 자는 어리석은 자입니다. 어리석음이 벗어지기 전에는 어떤 설명도 소용이 없습니다.

그러면 성경은 왜 하나님의 존재를 증명하려고 하지 않고 단도직입적으로 하나님이 없다고 하는 자들을 향하여 어리석은 자라고 말하고 있을까요? 그것은 마치 눈을 감고 해가 보이지 않으니 해가 없다고 말하는 것과 마찬가지이기 때문입니다.

우리가 주변을 잘 살펴보면 보면, 이 세상에는 하나님의 지식으로 가득합니다. 그러나 많은 사람들이 하나님을 향해 눈을 감아버린 채 하나님이 없다는 말을 합니다. 불신 상태에 있는 사람들이 하나님을 모르는 것이 아닙니다. 다만 하나님을 마음에 두기 싫어할 뿐이요, 하나님을 회피할 뿐입니다.

불신앙의 결과는 멸망이요, 영원한 형벌입니다. 여기에 대해 하나님을 몰랐다고 핑계하고 싶은 마음이 있을 것입니다. 그러나 바울은 단호히 그 누구도 하나님을 몰랐다는 핑계를 할 수 없다고 말하면서 그 이유를 로마서 1장 19절에서 설명하고 있습니다. "이는 하나님을 알만한 것이 그들 속에 보임이라 하나님께서 이를 그들에게 보이셨느니라."

인간의 마음 가운데 하나님을 알 수 있는 선천적인 본능이 있습니다. 이 종교적인 본능에 의해 사람들은 스스로 하나님을 자각(自覺)할 수 있습니다. 이 사실은 너무나도 명백해서 논쟁의 여지가 없습니다.

창조주 하나님 31

하나님께서는 그 어느 누구도 무지를 가장하여 하나님으로부터 도피하지 못하도록 하나님을 어느 정도 이해할 수 있는 능력을 모든 사람들의 마음속에 주입 하셨습니다. 칼빈은 「기독교 강요」에서 이것을 가리켜 '종교의 씨앗'이라고 했습니다. 또한 이것은 '일반은총'(Common Grace)이라고도 합니다. 즉 선택 받은 자나 받지 못한 자나 구별 없이 하나님의 사랑과 보살핌을 받는다는 것입니다. 반면에 '특별은총'(Special Grace)은 인간을 구원하신 하나님의 특별한 의지와 선택에서 그 의미를 찾습니다. 그것은 하나님의 섭리에 의해서 선택 받은 사람은 죄를 용서 받고 예수 그리스도를 믿는 구원과 은혜의 길로 인도된다는 것입니다.

원숭이나 고릴라는 무릎을 꿇고 기도하거나 예배드리지 못합니다. 오직 사람만이 기도하고 예배드립니다. 그 어떤 피조물도 종교적 행동을 하지 않습니다. 종교는 인간과 다른 피조물을 구분하는 여러 요인 가운데 가장 중요한 요인이라고 말할 수 있습니다.

인간은 종교적입니다. 인간의 역사는 종교의 역사와 흐름을 같이하고 있습니다. 아무리 야만스러운 민족이라도 종교를 가지고 있고, 또 아무리 미개한 사람이라 할지라도 그들의 마음 깊은 곳에 하나님이 있다는 신념을 가지고 있습니다. 심지어

짐승과 다를 바 없어 보이는 사람이라 할지라도 하나님을 인식할 수 있는 능력을 가지고 있습니다. 종교를 가리켜 '순박한 백성들을 노예로 속박하기 위해 몇몇 사람들이 교활함과 간계(奸計)로 지어낸 것'이라는 말은 전혀 쓸모없는 말입니다.

어떤 사람은 자신을 무신론자라고 말하기도 하지만 실제적인 무신론은 불가능한 것입니다. "참호 속에서는 무신론자를 발견할 수 없다"라는 말이 있습니다. 누구나 죽음의 위기에 직면하면 하나님을 찾도록 되어 있습니다. 적어도 건전한 판단을 할 수 있는 사람이라면 마음속에 지워지지 않는 하나님에 대한 감각이 새겨져 있다는 사실을 부인할 수 없을 것입니다.

그럼에도 불구하고 마음속에 있는 하나님의 지식을 잘 성숙시켜 열매를 맺는 사람들보다는 그렇지 못한 사람들이 더 많습니다. 어떤 사람은 미신에 빠져 있고, 또 어떤 사람은 고의로 악의를 품고 하나님으로부터 떠나 있습니다.

이런 현상은 사도 바울의 시대뿐만이 아닙니다. 역사와 과학이 발전한 오늘날에도 인간 세계는 하나님을 외면하고 타락의 길을 가고 있습니다. 편안함과 즐거움을 추구하는 현대인들에게 있어서 하나님은 더 이상 불필요할는지 모릅니다.

그러나 인간 내면 깊숙이 자리 잡고 있는 하나님의 자리는 세상 것으로는 절대로 채워지지 않습니다. 세상의 부귀, 영화,

권세를 가지고 그 자리를 메워보려고 몸부림을 치는 사람들이 많습니다. 하지만 다 부질없는 일입니다.

물고기는 물속에서 살도록 지음을 받았습니다. 물 밖으로 뛰쳐나오면 죽습니다. 필자는 집에서 열대어를 키우고 있습니다. 언제 수조를 뛰쳐나왔는지 마른멸치처럼 말라 죽어 있는 것을 볼 수 있습니다. 이같이 물고기는 물속에서 자유로운 것입니다. 새들은 공중에서 살도록 지음을 받았습니다. 새들은 땅에서 걷는 것보다 하늘을 날 때 더 자유롭습니다.

우리 인간은 하나님의 형상과 모양대로 지음을 받았습니다. 다시 말해서 하나님 속에서 살도록 지음을 받았습니다. 첫 인간의 삶의 터전인 에덴동산의 선악과는 사과도 복숭아도 아닙니다. "동산 각종 나무의 열매는 네가 임의로 먹되 선악을 알게 하는 나무의 열매는 먹지 말라"(창 2:16-17)는 명령은 '내 사랑 안에 거하라. 그리고 모든 것을 하라'는 것입니다.

선악과에 대한 금지 명령은 피조물인 인간과 창조주이신 하나님과의 관계 규정이었습니다. 그러나 아담은 하나님의 명령을 어기고 선악과를 따먹고 말았습니다. 하나님 중심주의, 하나님 절대 의존의 관계를 깨뜨린 것입니다. 하나님을 떠나 사는 것이 자유로울 것 같고 평안할 것 같아도 그것은 어디까지나 착각이었습니다.

오랜 방탕생활을 마치고 하나님께로 돌아온 어거스틴은 "하나님의 품에 안기기 전까지는 결코 만족함이 없었다"라고 그는 고백했습니다. 우리 마음의 빈자리는 오직 하나님만으로 채울 수 있습니다.

우리가 신앙생활을 한다는 것은 시간이 남아서, 교양을 함양하기 위해서, 사람들을 사귀기 위해서, 또는 이런저런 부차적인 목적으로 하는 것이 아닙니다. 우리 삶에 있어서 가장 중요하고 본질적인 것이기 때문에 가장 우선하는 것입니다.

자연 속의 하나님

로마서 1장 20절을 보면, 하나님을 몰랐다는 핑계를 할 수 없는 또 하나의 이유로서 "창세로부터 그의 보이지 아니하는 것들 곧 그의 영원하신 능력과 신성이 그가 만드신 만물에 분명히 보여 알려졌나니"(롬 1:20)라고 말씀하고 있습니다.

웨스트민스터 신앙고백서 1장에서는 이 말씀을 '사람이 핑계할 수 없도록 창조와 섭리의 사역이 하나님의 선과 지혜 그리고 능력을 지금까지 분명하게 보여 주셨다'(참조, 롬 1:19-21, 32; 2:1, 14, 15; 시 19:1-4)라는 뜻으로 풀이하고 있습니다.

축복된 삶의 최종 목표는 하나님을 아는데 있습니다. 그러므로 하나님께서는 이 축복에서 누구도 제외되지 않도록 하기 위해서 우리 인간의 마음에 하나님을 알만한 것을 주입하셨을 뿐 아니라 친히 만드신 만물을 통하여 자신을 계시하셨고, 매일매일 드러나고 계신 것입니다. 그 결과 인간은 눈만 뜨면 하나님을 보지 않을 수 없습니다.

시편 기자는 자연 속의 하나님을 보고 찬양하며 하나님의 영광을 선포했습니다. '창조의 시'로 불리는 시편 104편 2절을 보면, "주께서 옷을 입음 같이 빛을 입으시며 하늘을 휘장 같이 치시며"라고 외치고 있습니다. 여기서 말하고자 하는 것은, 하나님께서 우주 만물을 창조하실 때 언제나 어디서나 우리의 눈을 돌리기만 하면 그 영광을 볼 수 있도록 해 주셨다는 것입니다.

피조물의 세계는 어디를 둘러보아도 하나님의 능력과 신성이 드러나지 않은 곳이 없습니다. 물건을 보면 그것을 만든 사람의 성품을 파악할 수 있습니다. 마찬가지로 자연을 보면 자연을 만드신 하나님의 성품을 미루어 짐작할 수 있습니다.

들에 핀 작은 꽃도 주의 깊게 들여다보면 그 아름다움과 조화로움이 완벽하여 놀라지 않을 수 없습니다. 꽃의 아름다움은 그 어떤 예술가도 창조할 수 없는 아름다움이며, 그 어떤 디자이너도 그와 같이 꾸밀 수 없는 것입니다. 그것은 창조주 하나님의 작품이기 때문입니다.

모든 피조 세계가 하나님을 증거 합니다. 얼마든지 하나님을 더듬어 찾아 발견할 수 있습니다. 그러므로 바울은 아덴 사람들에게 전도를 하면서 "그는 우리 각 사람에게서 멀리 계시지 아니 하도다"(행 17:27)라고 말한 것입니다.

독일의 종교개혁자 마틴 루터는 "하나님은 성경에만 복음을 기록하신 것이 아니라 나무들과 꽃들과 구름들과 별들과 해와 달에게도 기록하셨다"라고 했습니다. 우리는 자연을 묵상하면서 하나님의 음성을 들을 수 있습니다. 자연 속에서 하나님의 음성을 듣는 일은 결코 신비주의적인 것이 아닙니다.

영국의 유명한 찰스 스펄전 목사님은 말했습니다. "하나님은 모든 앵초(櫻草, primrose)와 데이지(daisy) 속에서 내게 말을 거시고 모든 별에서 나를 향해 웃으시고 아침 공기의 모든 호흡 속에서 내게 속삭이시며 모든 폭풍 속에서 나를 큰소리로 부르시는 듯하다."

스웨덴의 유명한 식물학자였던 린네는 독실한 신앙인이었습니다. 자연 만물이 하나님의 창조물임을 강조했던 그는 학생들과 함께 들에 나가 꽃이 피는 것을 보고 이렇게 말했습니다. "나는 하나님께서 영광 중에 내 곁을 지나가는 것을 보았다. 그리고 나는 하나님을 경배하기 위해 머리를 숙였다."

어느 날, 호스피스 봉사를 하고 있을 때 지적 장애인 한분이 필자에게 장문의 신앙고백이 담긴 편지를 보내왔는데 그의 신앙고백은 그가 지적 장애우임을 의심할 정도로 성경적으로 분명하고 아름다워 감동을 받았습니다. 필자는 그의 신앙고백의 편지에 감동을 받아 30여 년이 지난 오늘날까지 하드 디스크에 옮겨 적어 보관하고 있습니다. 그의 신앙 고백 중 자연과 관련된 내용의 일부를 소개하면 이렇습니다.

주님은 흙에 씨앗을 창조하시고 보호하셨다가 땅에 비를 내려 흙을 촉촉하게 하시고 그 싹이 트면 기뻐하신다. 주님은 참으로 부지런하시고 충실한 농부이시다. 주님은 새 싹이 움트는 논밭 고랑 사이를 거니신다. 주님은 농부의 심정으로 씨앗이 움트는 것을 보시고 기뻐하시며 논두렁 밭두렁 사이로 내려가서 농부들과 더불어 직접 논밭을 갈고 김을 매시며 행동하시는 정성의 주님이시다.

그는 하나님을 저 멀리 계시는 초월적인 분으로서가 아니라 자연과 현실 속에 임재하시고 동행하시는 분으로 고백했습니다. 지적 장애우인 그를 통해 깨달은 점은 지성과 영성과는 차이가 있다는 사실입니다. 지성이 탁월하다 해서 영성 또한 그런 것은 아닙니다. 오히려 지성으로 말미암아 영성이 가려지는 경우가 허다합니다.

　영국의 시인 셸리는 알프스 산에 올라가서 아름다운 경지를 보고 무엇인가를 느꼈습니다. 그는 하나님의 신성과 능력에 압도당했습니다. 그의 마음속에서는 '하나님, 하나님'하는 것이 올라왔지만, 그런 마음을 억누르고 방명록에 '무신론자 셸리'라고 적어놓았습니다.

　하나님을 생각할 때마다 하나님을 향해 가슴속에서 찬양이 터져 나와야 하는데 인간들은 창조주 하나님의 존재를 망각하고 교만으로 가득 차 우쭐대고 허풍을 떠는 것입니다.

　그 후에 산행을 하던 어떤 여행자가 그 글귀를 보고 이렇게 적어놓았습니다. "무신론자라면 바보! 무신론자가 아니라면 거짓말쟁이!" 이런 장엄한 광경을 보고서도 하나님이 없다고 말한다면 그는 바보라는 것입니다. 그리고 하나님이 있는데도 없다고 했다면 그는 거짓말쟁이라는 것입니다.

　기독교 고전 중에 『하나님의 임재 연습』이라는 책이 있습니다. 이 책을 쓴 로렌스 형제는 나무 한 그루를 보면서도 하나님의 음성을 들었습니다. 그가 열여덟 살 되던 해, 어느 겨울날 그는 한 그루의 나목(裸木)을 바라보고 있었습니다.

　나뭇잎들은 하나도 남김없이 다 어디론가 사라졌지만, 그러나 그는 머잖아 잎사귀들이 다시 돌아오리라는 것을 알았습니다. 뿐만 아니라 꽃도 피고 열매도 맺힐 것을 알았습니다. 그는 그것을 통해 하나님의 섭리와 능력에 대해 깊은 감동을 받게 되었습니다.

로렌스 형제는 그때 얻은 감동으로 세상을 온전히 등지고 자신을 하나님께 드릴 수 있었습니다. 그는 그 후 40여 년 동안 한 번도 하나님을 의심하지 않고 한결같이 하나님과 동행하며 하나님의 임재 속에서 살았습니다.

사람들은 웅장한 자연을 보고 적절히 말로 표현은 못할지라도 자연에서 느껴지는 하나님의 신성과 능력에 압도당하여 감탄사를 연발합니다. 언젠가 여름휴가 때 필자와 가까이 지내는 장로님 부부와 함께 속초로 2박의 일정으로 휴가를 다녀 온 적이 있습니다. 숙소인 콘도에서 1박을 하고 다음 날 산행을 위해 설악산을 찾았습니다. 눈앞에 보여 지는 웅장한 울산바위에 압도되었지만 산을 좋아하고 등산하기를 즐기는 분이라 둘이서 울산바위를 올라간 적이 있습니다. 하산하는 길에 산행의 소감은 자연 속에서 하나님의 섭리를 느낀다는 것이었습니다. 지치고 힘든 산행에 얻어지는 값진 경험임을 고백합니다.

여러분은 자연 속에서 하나님의 숨결을 느껴보셨습니까? 자연을 가까이 하며 하나님을 묵상해 봅니다.

창조주 하나님의 관점

자연 속에서는 누구나 시인(詩人)이 됩니다. 그냥 보아서도 아름다운 것이 자연이지만 가까이 하면서 음미해보면 자연은 참으로 아름답고 신비합니다. 자연을 벗 삼아 지내다보면 인간과 자연이 하나인 것을 느끼게 됩니다.

산중의 봄은 조금 늦습니다. 도시의 나무들이 푸르러 질 때 오대산과 설악산 같은 곳에서는 새순들이 올라옵니다. 연초록의 새순들은 여리고 보드라운 어린 아이의 살결과 같습니다. 숲길을 걸으면 싱그러운 숲의 향기에 젖어듭니다. 새 옷을 입고 있는 나무 한 그루, 풀 한포기까지 사랑스럽게 여겨집니다.

관상용 꽃들만 예쁜 것이 아닙니다. 산야(山野)의 이름 없는 한 송이 꽃도 자세히 들여다보면 나름대로 예쁜 구석이 있습니다. 한번 보고 잊히지 않은 꽃, 진달래 …. 진달래는 필자가 좋아하는 꽃인데, 얼마나 정교하고 섬세한지 감탄이 절로 나옵니다. 자연에는 때 묻지 않은 순수함과 아름다움이 있습니다. 자연 속에 있다 보면 나도 모르는 사이에 그 순수함에 마음이 동화되어 저절로 맑아지고 편안해지고 온유해집니다.

꽃이 있는 곳에 나비와 벌들이 모여들고, 머리를 들면 깊고 푸른 하늘에 구름과 수많은 별들과 달이 떠 있습니다. 긴 밤 지새우고 풀잎에 맺혀 아침 햇살에 반짝이는 맑은 이슬은 보석보다 아름답습니다. 그 속에 살고 있는 인간에게도 아름다움이 있습니다.

자연도 아름답지만 인간은 더욱 아름답습니다. 인간은 하나님의 걸작입니다. 예전에 필자가 살던 고양시는 '꽃보다 아름다운 사람들의 도시'라는 슬로건의 도시입니다. 이 세상에 똑같이 생긴 사람은 한 사람도 없습니다. 누구든지 나름대로 독특한 개성을 지니고 있습니다.

주변에 욕심 없는 마음으로 주어진 조건에 자족하며 살아가는 사람들이 있습니다. 가식 없는 인격적 교류가 이루어지는 순결한 영혼들을 대할 때면 인간 존재의 아름다움에 감격합니다.

하나님은 하루하루 창조가 이루어질 때마다 하나님은 '좋았더라'고 하셨습니다. 에덴의 기쁨과 아름다움의 극치는 인간의 창조에 있었습니다. 결론적으로 "하나님이 지으신 그 모든 것을 보시니 보시기에 심히 좋았더라"(창 1:31)고 했습니다. 여기서 '심히 좋았더라'는 말은 그 이상 더 훌륭할 수 없다는 만족함의 표시입니다.

아담의 타락 이후에도 인간을 아름답게 보시는 하나님의 관점은 변함이 없습니다. 하나님은 세상을 이처럼 사랑하사 독생자를 주셨습니다(요 3:16). 이 세상을 향한 하나님의 사랑의 눈길은 창조 때나 지금이나 변함이 없습니다. 그렇기 때문에 우리 인간을 구원하시려고 독생자 예수님을 이 세상에 보내셨고 십자가에 달리게 하셨습니다.

하나님은 사랑이십니다. 하나님은 믿는 자나 믿지 않는 자나 모두 다 사랑하십니다. 하나님은 사랑을 다 표현할 수 없어서 우리에게 어머니를 보내주셨습니다.

우리는 외모 지상주의가 팽배한 시대를 살고 있습니다. 성형미인들이 쏟아져 나오고 있지만 순수한 자연 그대로가 아름답듯이 인간 역시 하나님이 지으신 그대로가 아름답습니다. 하나님은 속사람을 보시지만 사람들은 외모를 봅니다. 그렇기 때문에 사회생활을 위해서는 적당히 외모에도 신경을 써야 합니다.

그러나 하나님 앞에 서려면 내면을 단장하는데 더 힘써야 합니다. "너희의 단장은 머리를 꾸미고 금을 차고 아름다운 옷을 입는 외모로 하지 말고 오직 마음에 숨은 사람을 온유하고 안정한 심령의 썩지 아니할 것으로 하라 이는 하나님 앞에 값진 것이니라"(벧전 3:3-4).

사람들은 누구나 행복한 삶을 원합니다. 사람의 행복과 불행은 얼마나 많이 가졌느냐, 또는 얼마나 많이 배웠느냐가 아니라 이 세상을 어떻게 보느냐에 달려 있습니다. 이 세상을 살만한 세상으로 보는 사람은 행복하고, 이 세상을 보기 싫어하는 사람은 불행한 것입니다.

우리가 즐거운 마음으로 행복한 삶을 살려면 '보시기에 좋았더라'는 창조주 하나님의 관점을 가져야 합니다. 오늘 하루도 '좋았더라'는 하나님의 관점에서 이 세상을 바라보며 기쁘고 즐거운 마음으로 행복을 누리며 살기를 소원해 봅니다.

창조 질서

하나님은 무질서의 하나님이 아니시며(고전 14:33) 질서의 하나님이십니다. 이 세상을 만드실 때 법칙을 세우시고 만물을 질서 있게 하셨습니다. 밤과 낮이 규칙적으로 교차됩니다. 봄이 가면 여름이 오고, 여름이 가면 겨울이 옵니다. 우리는 이 질서를 따라 규칙적으로 살 수 있습니다.

또한 하나님은 밤과 낮을 창조하시고 우리 인체를 밤에 잠을 자야만 건강하도록 만드셨습니다. 암 세포 억제제는 밤 12시부터 3시 경에 분비되고, 잠이 든 후 2시간 후에 분비된다고 합니다. 하나님은 인체의 세포들을 매년 약 90-95%를 교체하도록 하셨는데 그중 다수는 잠자는 중에 이루어진다고 합니다.

수면은 실로 인체에 대한 큰 축복입니다. 흔히 잠을 조금 못 잔 것을 대수롭지 않게 여기지만 수면 부족은 피곤과 무기력증을 가져와 사고와 사건을 일으키는 원인이 됩니다. 우리가 건강하고 행복하게 살기 위해서는 하나님이 정해 놓은 창조질서를 따라야 합니다.

식물의 성장도 대개 밤에 이루어집니다. 낮에 햇볕을 받아 광합성 작용을 하기는 하지만 실제로 세포가 팽창하고 뿌리가 깊어지는 성장은 밤에 이루어집니다. 사람도 마찬가지입니다. 아이들은 주로 잠잘 때 큽니다. 그래서 한참 성장기의 아이들은 잘 먹어야 하지만 동시에 충분한 수면을 취해야 합니다.

그런데 요즘 사람들의 생활습관을 보면 거의 대부분 야행성(夜行性)입니다. 늦게 자고 늦게 일어납니다. 이것은 결코 좋은 습관이 아닙니다. 인간이 건강하게 살아가기 위해 꼭 필요한 조건을 열거하라고 한다면 그것은 빛과 신선한 공기, 맑은 물, 균형 있는 영양, 적당한 운동과 일, 그리고 충분한 휴식입니다.

하나님이 밤을 만드신 데는 분명한 이유와 목적이 있습니다. 하나님의 창조 질서는 낮에 일하고 밤에는 쉬는 것입니다. 우리는 인생의 3분의 1을 잠을 자는데 보내고 있습니다. 그러나 이 시간은 허비하는 시간이 아닙니다. 나머지 3분의 2의 시간을 유용하게 사용하도록 재충전하는 시간입니다. 밤에 잠자는 시간은 결코 무의미한 시간이 아닙니다. 역사는 밤에 이루어지는 것입니다.

잠은 하나님이 주신 최고의 선물입니다. 시편 121편 2절을 보면, "여호와께서 그의 사랑하시는 자에게 잠을 주시는도다"라고 말씀하고 있습니다. 잠언 3장 21-24절에도 건강한 잠을 위해 "내 아들아 완전한 지혜와 근신을 지키고 이것들이 네 눈앞에서 떠나지 말게 하라 그리하면 … 네가 누울 때에 두려워하지 아니하겠고 네가 누운즉 네 잠이 달리로다"라고 말씀하고 있습니다.

인간은 삼중(三重)의 안식을 하나님께로부터 받았습니다. 첫째 안식은 밤이요, 둘째 안식은 일주일에 하루의 안식이요, 셋째 안식은 이 세상으로부터 저 세상으로 옮겨가는 안식입니다. 우리는 쉼을 필요로 하는 연약한 인간입니다. 창조 질서에 따라 쉬라고 정해 놓은 때에는 쉬어야 합니다.

이사야 선지자는 하나님에 대하여 "너는 알지 못하였느냐 듣지 못하였느냐 영원하신 하나님 여호와, 땅 끝까지 창조하신 이는 피곤하지 않으시며 곤비하지 않으시며"(사 40:28)라고 선포하고 있습니다. 하나님은 쉬어야 할 필요가 없으신 분이십니다.

그럼에도 불구하고 하나님은 6일의 창조 후 7일째 되는 날에는 안식하셨습니다. 이는 친히 본을 보이심으로써 우리 인간들에게 휴식을 가르쳐 주신 것입니다. 또한 하나님은 제도적으로 우리가 휴식할 수 있도록 안식일을 지키라고 십계명을 통하여 명령하셨습니다. 우리 인생에서 휴식을 학교의 수업으로 비유한다면 선택과목이 아니라 필수과목입니다.

모든 기계를 사용할 때 매뉴얼대로 사용할 때 가장 오래 사용할 수 있는 것처럼 사람도 하나님께서 창조하신 목적과 원리대로 살 때 가장 건강하고 행복하게 살 수 있음을 잊지 말아야 합니다.

자연과 인간

하나님은 인간을 창조하시기에 앞서 자연을 창조하셨습니다. 그리고 그 자연 속에서 인간을 탄생시켰습니다. 자연과 인간은 역사의 연륜(年輪)을 두고 쌍둥이처럼 자라왔습니다. 그러기에 둘은 서로가 불가분의 관계를 지닙니다.

고대의 원시인(原始人)들은 '자연 아래의 인간'(Man under the nature)이었고, 과거의 동양인들은 '자연 속의 인간'(Man into the nature)이었습니다. 그러나 근대의 서구인들은 '자연 위의 인간'(Man above the nature)입니다. 그래서 자연은 괴로워하고 있습니다.

자연과 인간은 일체입니다. 자연이 살아야 인간도 살 수 있고, 자연이 건강해야 인간도 건강할 수 있습니다. 우리는 우리 삶의 동반자로서의 자연을 알아야 하고, 자연을 배워야 하고, 자연을 사랑하고 더불어 살아야 합니다.

거짓이 없는 자연

자연의 뜻인 영어의 '네이처'(Nature)는 만물의 고유한 성질이나 본질을 뜻합니다. 그리고 '낳는다, 생산 한다'는 의미를 가지고 있습니다. 정말 자연은 가장 자연스럽고 진실한 것을 낳는 모태(母胎)요 고향입니다. 밀실(密室)이고, 산실(産室)이고, 요람(搖籃)입니다. 자연은 철학을 낳고, 진리를 낳고, 시를 낳고, 음악을 낳습니다.

그러면서 자연은 한 번도 거짓을 부리지 않습니다. 자연은 인자한 어머니요 다정한 친구요 거짓을 모르는 애인입니다. 장자의 「남화경」(南華經)에 이런 말이 있습니다. "무엇이 자연이고 무엇이 인위(人爲)인가? 소나 말이 발 넷을 가지고 있는 것이 자연이고, 말의 머리에 고삐를 매고 소의 코에 코뚜레를 다는 것은 인위다." 그에 의하면 인위적이 아닌 것이 자연입니다. 책상이나 자동차는 자연이 아닙니다. 하늘이 자연이요 땅이 자연입니다.

자연은 순리에 맞고 자연스럽지만 인생은 순리에 맞지 않고 무리가 있어 부자연스럽습니다. 자연에는 거짓이 없습니다. 무리가 없습니다. 흐르는 물, 뜨거운 태양, 총총한 별, 파릇한 새싹, 어여쁜 꽃, 망망한 바다, 모두가 질서 아닌 것이 없고 조화 아닌 것이 없습니다.

그러나 자연은 파괴되어 조화를 잃어버렸고 질서를 잃어버렸고 아름다움을 잃어버렸습니다. 오늘의 과학은 그토록 아름답기만 하던 달이 죽어버린 시커먼 땅에 지나지 않는다는 비밀을 캐냈습니다. 달을 보면서도 지성은 신비를 배우지 못하고 밤하늘의 별도 시인의 가슴에 시상(詩想)을 만들지 않습니다.

"시인은 마른 갈대 잎이 흔들리는 소리에도 창조주의 음성을 듣는다"라는 말이 있습니다. 그러나 오늘의 시인(詩人)은 자연에서 "하나님이 해를 위하여 하늘에 장막을 베푸셨도다"(시 19:4)라고 노래한 히브리 시인의 탁월한 시상을 잃은 지 오래 되었습니다. 이것은 성숙(成熟)이 아니라 미숙(未熟)이고 발전이 아니라 퇴행(退行)입니다.

그러나 자연은 아직도 정묘(精妙)한 예술입니다. 신비 중의 신비입니다. 우리는 나무에서 성장을 배우고, 꽃의 미소에서 노래를 익히고, 낙엽에서 고독을 알게 되고, 바람에서 인생의 무상을 깨닫게 됩니다.

인위(人爲)와 부조화로 말미암아 병들고 죽어가는 인간에게 자연은 피난처입니다. 자연은 안정과 평화를 안겨주는 힘이 있습니다. 인생의 고달픔에 지쳐 살아갈 희망을 잃었을 때에도 자연의 아름다움에 감동되어 다시 일어서게 되는 경우가 얼마든지 있습니다.

망망한 바다와 높푸른 하늘은 경외심을 갖게 합니다. 자연은 하나님의 풍요와 위엄을 나타냅니다. 자연 속에서 다양한 하나님의 숨결을 느낄 수 있습니다. 자연은 한이 없는 하나님의 부요하심을 보여줍니다.

하지만 자연은 우리의 예배의 대상은 아닙니다. 자연은 어디까지나 하나님의 피조물에 지나지 않기 때문입니다. 그렇다고 함부로 유린(蹂躪)하고 착취(搾取)해도 되는 대상도 아닙니다. 사랑하며 함께 살아야 할 가족이요, 다정한 벗이요, 서로 도와야 할 이웃입니다.

자연에서의 휴식

하루의 피곤을 푸는 잠자리처럼, 한 생애의 기나긴 나그네 인생길에서도 가끔 적당한 휴식이 필요합니다. 휴식 없는 하루의 일과는 피곤하고 짜증스럽습니다. 스트레스를 견디지 못하면 우울증에 빠지기도 하고 자살하기도 합니다.

성경의 인물 가운데 우울증에 빠진 사례를 가장 극명(克明)하게 보여준 이는 야고보서에 우리와 성정(性情)이 같은 사람이라고 소개된 엘리야입니다(약 5:17). 그는 구약 시대에 모세 다음으로 위대한 지도자로서 죽은 사람을 살리며, 하늘로부터 불을 내리게 하고, 3년 6개월 동안 가물었던 땅에 비를 내리게 했습니다. 그런데 그 위대한 선지자 엘리야도 죽고 싶을 정도로 심한 우울증을 경험을 한 바 있습니다.

그는 갈멜 산에서 하나님의 편에 서서 큰 승리를 거두는 경험을 했습니다. 거기서 그는 영적 대결을 벌였던 바알과 아세라 선지자 850명을 처형하였고, 아합 왕이 마차를 타고 이스르엘로 갈 때에도 초인적인 능력을 나타냈습니다. "여호와의 능력이 엘리야에게 임하매 그가 허리를 동이고 이스르엘로 들어가는 곳까지 아합 앞에서 달려 갔더라"(왕상 18:46).

그러나 엘리야는 이세벨이 자기를 죽이려고 한다는 소식을 들었을 때, 그는 심한 우울증에 빠졌습니다. 엘리야의 우울증은 믿음의 문제라기보다는 지나친 에너지의 소모에서 비롯된 탈진(脫盡, burn out, exhaustion) 현상이라고 볼 수 있습니다. 이런 경우는 무엇보다도 충분한 휴식과 에너지의 공급이 절대적으로 필요합니다.

필자도 최근 에너지 소모로 인한 몸살감기로 병원을 찾는 경험을 하고 있습니다. 운전하면 한때 그 누구보다도 즐기며 했던 시절, 아내가 늘 하는 말인 '나이는 못 속여요'라고 하는 말을 실감합니다. 아침 6시를 넘겨서 출발하여 전라도 광주에서 일을 마치고 당일 오후 6시경에 돌아오는 일이 있었기 때문입니다.

휴식의 절실함을 느낍니다.

현대인들도 종종 사람들을 상대하는 일에 지치고 일에 눌려 기진맥진한 상태에 이르게 되는데, 이때 가장 바람직한 휴식은 망각(妄覺)해 버렸던 자연과의 관계를 회복시키는 것입니다. 한자의 쉴 휴(休) 자를 보면 사람이 나무에 기대고 있는 모습입니다. 자연은 우리 육신의 고향으로서 자유와 해방이 있는 인생의 휴식처입니다.

자연과 관계를 맺는 일은 인간의 참다운 모습을 찾을 수 있는 좋은 계기가 됩니다. 신선 선(仙)자는 사람(人)과 산(山)이 합쳐진 글자입니다. 자연 앞으로 성큼 다가설 때 대지의 환희를 느끼며 자연의 온갖 섭리와 아름다움에 대한 감동 속에서 스스로 승화되어 감을 느낍니다. 사람이 산에 있다 보면 신선(神仙)이 됩니다.

사람들은 휴식을 취하게 되면 그저 노는 것이라 생각해서 마음에 죄의식 같은 것을 갖지만 인간은 휴식을 필요로 하는 존재라는 사실을 잊지 말아야 합니다. 찰스 스펄전은 "휴식 시간은 시간 낭비가 아니다. 방앗간의 개울물은 그칠 줄 모르고 줄곧 흐르지만 우리는 가끔씩 멈춰서기도 하고 휴식 시간도 가져야 한다"라고 했습니다.

예수님은 친히 삶을 통해 우리에게 휴식의 중요성을 일깨워

주셨습니다. 예수님은 바쁜 가운데서도 한가한 시간을 내서서 하나님 아버지께 기도하는 시간을 가지셨고, 때때로 군중을 피하여 쉬시기도 하셨습니다. 또한 전도하고 돌아온 제자들이 사람들로 인해 음식 먹을 겨를이 없을 때 따로 한적한 곳에서 쉬도록 하셨습니다(막 6:31).

여름에 수양회를 가면 일정이 너무 빽빽한 경우가 있습니다. 미국의 영성 신학자인 노만 샤우척은 "수양회 시간표를 너무 빽빽하게 짜지 말아야 한다. 긴장을 풀 수 있고, 오락을 즐길 수 있는 여유를 남겨 놓아야 한다"라고 했습니다. 때로는 프로그램 없는 수양회도 필요합니다.

휴식은 시간 낭비가 아닙니다. 재창조를 위한 준비의 시간입니다. 자신의 자리에서 탈출하고 싶다면 그것은 쉼이 필요한 때이며 경고의 사인(Sign)입니다. 탈진 상태에 이르지 않도록 미리 자기를 관리할 수 있어야 합니다.

자연의 파괴

인간은 자연에서 쉼을 얻을 뿐 아니라 삶에 필요한 모든 자원을 자연에서 얻습니다. 인류가 살아가기 위해서 자연을 이용하는 것은 불가피합니다. 석탄, 석유, 금속 등과 같은 천연자원은 한번 사용하고 나면 다시 재생될 수 없지만 생물자원은 인간이 지혜롭게 활용하기만 하면 자원의 고갈 없이 풍요로운 삶을 누릴 수 있습니다.

그러나 바다에서는 물고기를, 산에서는 나무와 새와 짐승을, 산야초를, 초목의 열매를 마구잡이로 따고 캐고 베어내고 잡아서 먹고 저장하고 돈으로 바꾸며 탐욕을 부리고 있는 것이 오늘날 우리의 모습입니다. 사람들은 "땅을 정복하라, 바다의 물고기와 하늘의 새와 땅에 움직이는 모든 생물을 다스리라"(창 1:28)는 말씀을 오해하여 자연을 파괴하고 유린했습니다.

산과 강과 바다는 하나님의 것입니다. 인간은 지구라는 하나님의 정원에서 일하는 존재일 뿐입니다. 그런데 인간은 자신이 조력자라는 사실을 망각하고 마치 주인인양 하나님의 것인 자연을 마음대로 착취하며 망가뜨리고 있습니다.

도시화 현상은 자연을 인간들의 거주지에서 멀리 추방해 버렸고, 공업단지화는 주거지의 자연 환경을 완전히 오염시키고 말았습니다. 물과 땅과 공기가 오염되어 인간의 생존을 위협하고 있습니다.

그리고 아파트의 단지화는 인간의 본거지인 자연으로부터 인간들을 멀리 소외시키고 말았습니다. 현대인의 삶의 현장은 죽음의 현장으로 변하고 있습니다.

이 시대의 최대 문제는 환경 문제입니다. 자연이 파괴되고 훼손되는 문제는 어느 지역이나 어느 나라의 문제가 아니라 온 인류의 당면한 문제이며, 지구의 모든 생물에게도 위기가 되고 있습니다.

자연을 오염시키고 파괴하는 일은 우리 자신의 생명을 파괴하는 일입니다. 오늘날 사람들은 욕심 때문에 미쳐서 스스로를 죽이고 있습니다. 날마다 생명의 원천인 강물과 호수, 바다를 오염시키고 있습니다. 우리가 숨 쉬는 공기에 독을 풀고, 지구의 허파와 같은 열대우림을 모조리 베어내고 있습니다.

유해 호르몬과 독성물질로 동물성 단백질이 인간에게 해로운 것이 되어버렸습니다. 바다의 물고기들은 중금속 오염으로 오염되어서 건강한 음식은커녕 위험한 음식이 되었습니다. 식물성 식재료에도 살충제와 중금속이 침투해 있거나 유전자 조작으로 우리의 건강을 위협하고 있습니다.

욥이 자신의 의를 끝까지 주장하자 욥에게 침묵하시던 하나님은 "내가 땅의 기초를 놓을 때에 네가 어디 있었느냐"(욥 38:4), "누가 사람 없는 땅에, 사람 없는 광야에 비를 내리고 황무하고 황폐한 토지를 흡족하게 하여 연한 풀이 돋아나게 하였느냐"(욥 38:26-27)라고 물으셨습니다. 자연은 결코 인간 노력의 산물이 아니라는 것입니다.

인간은 오로지 자연을 은총으로 받은 것뿐입니다. 자연으로부터의 은총 가가을 상실했다면 아무리 종교인의 모습을 할지라도 실상은 무신론자입니다. "들의 백합화와 하늘의 새를 바라보라"는 말씀을 생각해 보십시오. 많은 사람들이 성경은 읽을 줄 알아도 정작 성경이 가리키는 자연, 하나님의 피조물을 응시하지 못합니다.

그러니 자연이 죽어 있는 물질, 욕망 실현의 대상으로 밖에는 달리 이해되지 않는 것입니다. 이로 인해 자연이 죽어갑니다. 인간의 문제와 자연의 문제는 둘이 아니고 동전의 양면과 같은 속성을 지녔습니다. 자연이 죽으면 인간도 죽게 되어 있습니다.

성경은 우리에게 "하나님의 은혜를 헛되이 받지 말라"(고후 6:1)고 말씀하고 있습니다. 이는 하나님의 은혜를 허망한 것으로 만들지 말라는 것입니다.

예수님께서 모든 사람을 구원하시기 위해서 십자가에서 죽으셨습니다. 그러나 아무리 전도를 해도 대상자가 하나님의 사랑을 깨닫지 못하고 거부하면 아무리 고귀한 희생도, 십자가의 은혜도 의미가 없는 것입니다.

또한 하나님께서 우리 인간의 생존과 건강을 위해 자연, 즉 물, 공기, 햇볕, 흙, 숲, 채소 등을 선물로 주셨는데도 그것을 함부로 망가뜨리고 제대로 활용하지 못하여 질병으로 고통스러워하며 산다면 이는 하나님의 은혜를 허망하게 만드는 것일 뿐 아니라 역행하는 것입니다.

자연과 더불어 살기

'땅을 정복하라, 생물을 다스리라'는 말씀은 자연을 돌보고 가꾸라는 뜻입니다. 하나님은 천지를 창조하시고 이 세상에 대한 관리 책임을 인간에게 맡기셨습니다. 인간은 자연과 환경의 청지기로서의 사명을 가지고 있습니다.

청지기 정신과 관련하여 창세기 2장 15절을 살펴보면, 여기서는 "여호와 하나님이 그 사람을 이끌어 에덴동산에 두어 그것을 경작하며 지키게 하시고"라고 하십니다. 이는 피조세계에 대한 인간의 사명을 가르쳐주는 구절입니다. 청지기로서 인간이 해야 할 일은 자연 속에서 땀 흘려 일하며 자연을 잘 보살피는 것입니다.

하나님이 인간을 위해 만드신 에덴동산은 완벽한 생태계였습니다. 오염되지 않은 생명 그 자체였습니다. 에덴은 신선한 공기와 햇볕으로 충만해 있었고, 물은 시원하고 깨끗했습니다. 아담과 하와가 정원을 돌보는 일이나 강에서 수영하는 일, 아름답게 꾸며진 언덕을 거니는 일 등은 운동을 위하여 제공된 일이었습니다. 그들의 음식은 과일과 곡류, 견과류와 채소, 다양한 씨앗이었습니다.

그러나 생명이 넘치는 동산에서 인간은 불순종으로 생명이 아닌 사망을 선택했습니다. 이후에 에덴은 돌보는 이 없이 방치되어 황량한 생태계로 변모했습니다. 죄의 결과는 인간에게 뿐 아니라 자연에까지 미치게 되었습니다.

예수님은 하나님의 아들로서 하늘 보좌에 계셨으나 이 세상을 사랑하셔서 인간의 몸을 입고 이 땅에 오셨습니다. 하나님은 세상을 사랑하셨습니다. 세상을 사랑하셨다는 것은 자연까지도 사랑하셨다는 것이고 인간만이 아니라 자연을 위해서도 십자가에서 죽으셨다는 것입니다.

예수님이 십자가에서 죽으신 것은 아담이 에덴동산에서 죄를 지음으로 말미암아 비롯된 하나님과 인간, 인간과 인간, 인간과 자연 간의 파괴된 관계를 회복하기 위함이었습니다.

바울은 "피조물이 다 이제까지 함께 탄식하며 함께 고통을 겪고 있는 것을 우리가 아느니라"(롬 8:22)고 했습니다. 모든 피조물이 구원을 고대하고 있다는 뜻이 아닐까 합니다.

오늘날 자연의 탄식 소리는 바울의 때와는 비교할 수도 없습니다. 탄식이 아니라 신음소리를 내며 죽어가고 있습니다. 이제 우리는 자연이 더 이상 고통을 겪지 않도록 자연을 사랑하고 자연의 생명이 곧 우리의 생명임을 알고 더불어 사는 길을 가야 합니다.

일찍이 우리 조상들은 '신토불이'(身土不二)라는 생각으로 살았습니다. 자연과 더불어 사는 길이 무엇인지 잘 알고 있었습니다. 신토불이란 정확하게 무슨 뜻일까요? 글자 하나하나를 따지면 '몸 신(身)', '흙 토(土)', '아닐 불(不)', '두 이(二)'이니, 사람의 몸과 흙은 하나라는 뜻이 됩니다.

이 말 뜻을 다시 음미해 보면, 사람은 자연 속에서 태어나 자연 속에서 더불어 사는 자연의 일부이니 자연을 올바르게 이해하여 자연과 일체가 되어야 한다는 의미심장한 말입니다.

룻소가 "자연으로 돌아가라"고 했듯이 우리는 자연으로 돌아가야 합니다. 나무 한 그루, 풀 한 포기가 그저 있는 것이 아닙니다. 자연은 창조된 것입니다. 우리가 자연으로 돌아가는 것은 결국 하나님께로 돌아가는 것입니다.

자연에서 지음을 받은 우리는 피조물로서 삶의 조건이 맞는 자연으로 돌아가야 합니다. 자연의 법칙에 순응하며 자연과 조화를 이루어 하나가 되어야 합니다. 좀 더 맑은 하늘, 좀 더 싱싱한 꽃, 좀 더 포근한 대지가 될 수 있도록 자연을 보호해야 합니다. 이를 가르치는 전원학교, 또는 자연학교가 필요합니다.

인정(人情)은 메말랐지만 산정(山情)은 남아 있습니다. 꽃은 여전히 아름답습니다. 자연을 사랑하고 더불어 살면서 꽃의 미소를 배우고 꽃의 인상을 지녀야 합니다. 그 길만이 우리 인간이 건강하고 행복하게 사는 길입니다.

오묘한 육체

성 어거스틴은 "인간은 높은 산과 바다의 거대한 파도와 굽이치는 강물과 광활한 우주와 무수히 반짝이는 별을 보고 경탄하면서도 자기 자신의 몸은 별 생각 없이 지나친다"라고 했습니다.

시편 기자는 "내가 주께 감사하옴은 나를 지으심이 심히 기묘하심이라 주께서 하시는 일이 기이함을 내 영혼이 잘 아나니다"(시 139:14)라고 했습니다.

고대 그리스 철학자로서 '만학(萬學)의 아버지'라고 불리는 아리스토텔레스는 인간을 가리켜 소우주라고 말했고, 우리 동양의학에서도 인간을 하나의 작은 우주로 보고 있습니다. 또한 홍자성이 지은 중국의 고전 『채근담』(菜根譚)에서도 우리의 신체를 하나의 작은 천지(小天地)라고 했습니다.

하나님은 자신의 형상과 모양으로 만든 인간의 몸을 통해 놀라운 지혜와 위대한 능력을 보여주셨습니다. 인간은 그야말로 하나님의 최고 걸작입니다.

우리 몸의 신비

폴 브랜드라는 크리스천 의사와 저술가 필립 얀시가 함께 쓴 우리 시대의 기독교 명저 가운데 하나로 꼽힐만한 책이 있습니다. 바로 『오묘한 육체』입니다. 그들은 시편 기자가 "나를 지으심이 심히 기묘하심이라고" 찬양한 데 공감하여 이 책을 쓰게 되었습니다.

현대의 과학과 의학 지식을 바탕으로 인간의 세포와 뼈, 피부, 근육, 그리고 신경의 세계를 깊이 탐색하면서 하나님이 지으신 우리 몸의 신비와 완벽함을 보여주고 있습니다.

세상에는 우리가 놀랄 것이 많이 있지만 인간의 탄생은 기적 중에 기적이요 신비 중에 신비가 아닐 수가 없습니다. 정자와 난자의 만남으로 단 하나의 수정란 세포에서 한 생명이 탄생합니다. 바로 한 아기가 탄생하는 것입니다. 이 신비를 어떻게 말할 수가 있을까요?

필자는 예전에 취미생활로 애완견을 여러 마리 키운 적이 있습니다. 모견(母犬)의 출산과정에서 직접 손으로 새끼를 받아

내고 탯줄을 자르며 출산의 신비를 경험한 바 있습니다. 지금은 열대어를 여러 종류를 키우고 있는데, 어떤 열대어는 개체 자체를 출산하는가하면 어떤 열대어는 알을 낳아 부화하기도 하는 것을 지켜봅니다.

『오묘한 육체』에 소개된 루이스 토머스라는 사람은 "내 생애 중 누구라도 이 신비를 설명하는데 성공한다면, 나는 공중 광고문을 쓰는 비행기를 여러 대 전세 내어 그들을 하늘 높이 날게 하여 내 돈이 모두 바닥날 때까지 온 하늘에 감탄 부호만을 연달아 그리게 할 것이다"라고 말했습니다.

필자는 오래전 그 신비한 장면을 동영상으로 본 적이 있습니다. 영국 BBC방송에서 방영하고 7개국에서 공동으로 제작한 이 동영상은 수정에서 탄생까지의 과정을 실제로 촬영하여 공개한 것이었습니다.

우리 몸을 이루는 세포의 수는 출생 후 성장을 거듭하여 약 65-70조 개로 증식하여 하나의 생명을 운행합니다. 이 많은 세포가 하나님의 생명 원리에 따라 아주 절묘한 협동으로 질서를 이룸으로 우리는 건강을 유지합니다.

현대 과학과 의학이 밝혀낸 우리 몸에 대한 지식은 알면 알수록 신비로워 감탄이 절로 납니다. 인간의 생명과 몸은 신비 그 자체입니다. 신비롭고 오묘한 몸을 만드시고 우리에게 생명을 주신 하나님을 찬양하지 않을 수 없습니다.

생명을 유지하기 위해 우리 몸 안에서 일어나고 있는 일들이 있습니다. 피부는 한 달에 한 번씩 교체되고, 위벽은 5일마다, 간세포는 6주일마다, 뼈세포는 3개월마다 다시 바뀌고 있습니다. 자동차는 일일이 부품을 교체해 주어야 하지만 우리 몸은 자동적으로 교체 작업이 이루어집니다.

우리 몸속에 있는 혈관의 총 길이는 112,000km로서 지구를 두 번 감을 수 있는 길이입니다. 우리 심장은 하루에 103,000번을 뛰어 그 혈관에 끊임없이 피를 공급해서 우리 몸의 구석구석까지 영양을 공급하고 노폐물을 나르며 세균을 막아줍니다.

그리고 우리는 하루에 23,000번의 숨을 쉽니다. 모든 일에 약간의 차질만 와도 나의 생명에 금방 이상이 올 것인데 내가 아무런 수고를 하지 않고 생각조차 안 해도 심장이 뛰어주고 혈액이 그 먼 거리를 달려주고 폐가 호흡하여 내 생명을 지탱하게 해주고 있습니다.

음식은 반드시 위장 계통을 통과해야 하고, 흡수된 영양분은 반드시 간으로 보내져야 하며, 간은 우리가 어떤 음식을 먹었든 간에 반드시 우리에게 필요한 물질로 전환하여 온 몸으로 공급합니다. 우리가 실수하여 먹어서 안 될 음식을 삼키면 즉시 토하게 됩니다. 또 위에서 그 음식을 그냥 장으로 내려 보내면 장은 설사를 하여 우리 몸을 보호합니다.

하나님께서 우리 몸의 생명을 위해 이렇게 자동 시스템을 만들어주신 것입니다. 이 오묘한 몸으로 말미암아 감사하며 사는 사람이 얼마나 있을까요?

우리 몸의 면역 시스템

인체의 오묘함을 보여주는 또 하나의 요소는 의학에서 밝혀낸 우리 몸의 면역 시스템입니다. 하나님은 우리가 사는 더럽고 오염된 환경에서, 몸 안으로 침입하여 들어오는 것들로부터 우리 몸을 보호할 수 있도록 우리 몸에 튼튼한 방어 시스템을 구축해 놓으셨습니다.

이 시스템은 가벼운 감기로부터 무서운 암에 이르기까지 모든 질병에 대항하여 강력하고 성공적으로 저항할 수 있는 방어망입니다. 면역 시스템은 두 가지의 중요한 역할을 합니다. 첫째는 몸 안으로 들어오는 외적의 침입을 막으며, 둘째는 몸 안에 존재하거나 자라나는 불순 세력을 제거함으로써 평화를 유지시킵니다.

한 국가를 방어하는 국방부 안에 육군과 해군과 공군이 있듯이, 이 방어 시스템에도 5가지의 중요한 군대들이 있습니다. 그

것은 B림프구, T림프구, 식세포, 살해 세포(killer cell), 자연 살해 세포(NK세포)들입니다. B림프구는 일반적인 감염과 싸우는 여러 가지 항체를 생성해 내지만, 나머지 4가지 면역 세포들은 암세포나 AIDS, 바이러스, 박테리아 등을 직접적으로 공격합니다.

몸 안에 병균이 침입하였거나 암세포가 증식할 때에 이러한 원수들과 강력한 전쟁을 벌일 수 있는 300조 개에 이르는 엄청난 숫자의 백혈구 방위군들이 준비되어 있습니다. 이들은 세균의 위급한 침입을 대비하여 24시간 비상 대기하고 있으며, 항상 60조 개의 백혈구들이 혈관 속을 순찰하고 있습니다.

그런데 사람마다 건강의 차이가 있습니다. 동일한 장소에서 먹고 생활하는 사람들 중에서도 어떤 사람은 감기에 걸리는데 어떤 사람은 아무런 증세를 나타내지 않은 채 지나게 됩니다. 또한 어떤 사람은 암으로 인해서 고통당하는데 어떤 사람은 암과는 아무런 상관이 없이 건강한 생활을 즐기고 있습니다.

그 차이는 우리 몸이 가지고 있는 면역 시스템, 저항력에 달려 있습니다. 어떤 사람들의 면역 시스템은 기능이 너무도 약화되어 있기 때문에 쉽게 각종 병에 걸리게 됩니다. 감기뿐만 아니라 암이나 AIDS 역시 면역 시스템이 약화된 사람들에게 찾아오는 질병들입니다.

우리 몸의 방위군인 백혈구들의 숫자와 에너지를 적정 수준으로 유지하고 증강하기 위해서는 깨끗한 물, 신선한 공기, 적절한 햇볕, 평화스러운 마음, 규칙적인 운동, 그리고 올바른 식습관 등이 균형 있게 이루어져야 합니다. 이는 오염되지 않은 자연과 가까이 함으로써 얻고 누릴 수 있는 것들입니다.

우리는 건강이 어떻게 유지되고 향상되는가를 이해해야 합니다. 왜냐하면 건강에 대한 잘못된 지식과 이해는 오히려 치명적인 해를 가져오기 때문입니다.

기침 감기가 들면 사람들은 약국에 가서 기침약을 사서 먹음으로써 증세를 없애 버립니다. 환절기마다 알러지가 심해지면 병원에 가서 약을 처방받아서 그것을 통하여 증세를 없애 버립니다. 하지만 증세가 사라졌다고 해서 병의 원인까지 사라진 것은 아닙니다. 원인은 여전히 남아 있습니다.

병이 나면 일단 휴식을 취하면서 물을 많이 마셔야 합니다. 증세를 일시적으로 없애기 위해 노력하기 보다는 근본 원인이 무엇인지를 찾고 손상되고 약해진 면역 시스템을 회복하기 위해 노력을 집중하는 것이 지혜로운 것입니다.

그러나 많은 사람들이 겉으로 드러난 증세만을 없애기 위해서 이곳저곳을 찾아다닙니다. 그러는 동안에 몸이 가지고 있는 병의 근본 원인은 더 깊어지고 몸은 점점 훼손되어 갑니다. 우리 몸의 면역 시스템을 올바로 이해하지 못한 사람이 신체를 건강하게 보존하기는 매우 어려운 일입니다.

현대 의학이 놀라울 정도로 발전을 거듭하고 있음에도 불구하고 각종 질병과 난치병의 숫자는 늘어만 가고 있습니다. 현대인들은 질병의 증세를 끝없이 쫓아다닐 것인지, 아니면 저항력을 향상시킴으로써 질병을 극복할 것인지를 선택해야 하는 시대에 살고 있습니다.

요즘 사람들의 문제점은 병 자체가 아니라 병에 대한 지나치게 두려움을 갖는 것입니다. 건강에 대해서 너무 무심해도 곤란하지만 너무 예민해도 문제입니다. 어떤 사람은 위나 대장 내시경 검사를 하고나서 용종 하나만 발견돼도 조직 검사 결과가 나오기까지 '혹시 암은 아닐까?' 지나치게 염려하며 온갖 상상을 합니다. 평소 잘 지내던 사람도 어쩌다 건강 검진을 받고 암이라는 말을 들으면 그 다음 날부터 사색이 되어 죽어갑니다.

최근에 암(癌)환자의 실제 사망 원인 중 상당수는 암이 아닌 다른 질병인 것으로 조사됐습니다. 2008년 『암환자는 암으로 죽지 않는다』라는 책을 쓴 최일봉 박사는 도발적인 선언으로 많은 암환자와 가족들에게 희망의 메시지를 전했다. 제목처럼 암에 대한 정확한 이해와 함께 병을 이길 수 있다는 자신감을 가지고 적절히 대응하면 암에 걸렸다 해도 얼마든지 이겨낼 수 있다는 것입니다.

  그렇습니다. 필자도 호스피스 봉사를 하면서 많은 사례를 경험한 바 있습니다. 그리고 암 치료에는 정답이 없다는 것입니다. 우리 몸은 쉽게 무너지지 않습니다. 우리는 하나님이 우리 몸의 건강을 위해 만들어 놓으신 면역 시스템의 능력을 믿고 자신감을 가지고 살아야 합니다. 두려워하지 말아야 합니다.

값으로 따질 수 없는 생명

  세계 제2차 대전 때입니다. 나치의 한 연구소에서 사람의 몸을 원소별로 완전히 분류해 보았습니다. 그 결과 몇 장의 비누를 만들 수 있는 지방이 나왔습니다. 그리고 못을 몇 개 정도 만들 수 있는 철이 나왔습니다. 이런 식으로 분류를 해서 시장 가격으로 환산해보니 약 0.9불 정도였습니다. 그래서 별반 이용 가치가 없다고 생각하고는 유대인의 시체를 전부 내다 버렸습니다.

  그런데 최근에 들어서 사람의 몸값이 많이 올랐습니다. 미국의 예일대학의 한 생물학자가 좀 색다르게 계산을 했던 것입니다. 그는 인체 내에 있는 단백질, 아미노산, 효소, 호르몬 등 생화학의 원료가 되는 것들을 계산을 해 보았습니다. 그 결과 인체 내에 있는 이러한 것들이 대략 600만 불에 해당되는 것으로 판명되었습니다.

그리고 더욱 놀라운 것은 이 원료들을 합쳐서 인체의 세포로 만드는 그 복잡한 과정에는 6천만 불이라는 엄청난 돈이 들어가야 한다는 것이었습니다. 게다가 이 세포들을 합성해 살아 있는 인간으로 조립하려면 이 세상에 있는 돈을 다 써도 모자란다는 결론을 내렸습니다. 무슨 뜻일까요? 한마디로 우리 인간은 값으로 따질 수 없는 참으로 귀한 존재라는 것입니다.

예수님은 "사람이 만일 온 천하를 얻고도 제 목숨을 잃으면 무엇이 유익하리요 사람이 무엇을 주고 자기 목숨과 바꾸겠느냐"(막 8:36-37)라고 말씀하셨습니다. 인간의 생명은 천하보다 귀합니다. 우리 목숨과 바꿀 수 있을 만큼 소중한 것은 아무 것도 없습니다. 이처럼 인간의 생명은 소중한 것입니다. 사람이 이 세상에 태어나는 것은 단 한번뿐이며 또한 나라는 존재는 이 세상에 단 하나뿐인 유일한 존재입니다.

그러나 나의 생명은 무한한 존재가 아니라 유한한 존재입니다. 인간은 생명이 있을 때, 심장이 뛸 때 인간의 존엄성과 가치가 있습니다. 생명이 끝나 심장이 멎으면 모든 것이 끝나는 것입니다.

하나님은 우리가 이 땅에서 건강하게 살 수 있는 환경을 만들어 주셨습니다. 그런데 어떤 사람은 건강하게 장수를 누리지만 어떤 사람은 병으로 고생을 하다가 인간 수명의 절반도 못 살고 죽기도 합니다. 참으로 안타까운 일입니다.

우리를 향한 하나님의 뜻이 있습니다. "평강의 하나님이 친히 너희를 온전히 거룩하게 하시고 또 너희의 온 영과 혼과 몸이 우리 예수 그리스도께서 강림하실 때에 흠 없게 보전되기를 원하노라"(살전 5:23).

우리가 이 세상에서 사는 동안 영과 혼과 육, 즉 전인적으로 흠 없이 건강하게 사는 것이 하나님의 뜻입니다. 거룩한 삶은 건강의 선행 조건입니다. 그래서 하나님은 예수 그리스도의 피로 우리를 거룩하게 하시고 거룩하게 살라고 하십니다.

그런데 이러한 하나님의 뜻을 저버리고 죄 짓고 방탕하며 함부로 먹고 몸을 잘 관리하지 않아서 병이 나고 몸이 망가지고 하나 뿐인 고귀한 생명을 잃어버린다면 이는 하나님의 은혜를 공허한 것으로 만드는 것입니다.

몸과 마음의 유기적 관계

건강을 위해서는 우리 몸의 방위 시스템을 더욱 강력하게 만들어야 합니다. 그런데 면역 시스템은 신체의 각 부분과 밀접하게 뒤섞여 있으며, 우리의 마음이나 정신 상태와도 긴밀한 관계가 있습니다. 이 사실은 현대인들에게 있어서 건강을 유지하고 각종 질병을 회복하는 데에 있어서 매우 중요한 관건이 되고 있습니다.

콜로라도대학의 스타우트 박사와 브룸 박사는 신경이 예민하고 긴장한 사람이 감기에 더 잘 걸리는 것을 알아냈습니다. 또한 잘 알려진 것처럼 스트레스는 콜레스테롤의 숫자를 증가시킵니다. 또한 배우자를 잃어버려서 슬픔에 잠겨 있는 아내와 남편에게 있어서 백혈구의 숫자가 감소하는 경향을 발견했습니다. 마음속에 있는 죄책감은 슬픔과 유사한 결과를 나타냅니다.

우리가 죄를 범하였을 때에 하나님과 분리됨을 느끼게 됨으로써 우리의 면역 시스템의 기능이 저하될 수 있습니다. 하나님 앞에 범죄 하였을 때, 시편에서 다윗이 다음과 같이 말하는 것은 과학적인 간증이라고 생각합니다.

"내가 입을 열지 아니할 때에 종일 신음하므로 내 뼈가 쇠하였도다 주의 손이 주야로 나를 누르시오니 내 진액이 빠져서 여름 가뭄에 마름 같이 되었나이다"(시 32:3-4).

"주의 진노로 말미암아 내 살에 성한 곳이 없사오며, 나의 죄로 말미암아 내 뼈에 평안함이 없나이다. 내 죄악이 내 머리에 넘쳐서 무거운 짐 같으니 내가 감당할 수 없나이다. 내 상처가 썩어 악취가 나오니 … 내가 아프고 심히 구부러졌으며 종일토록 슬픈 중에 다니나이다 내 허리에 열기가 가득하고 심히 상하였으매 마음이 불안하여 신음하나이다 내 심장이 뛰고 내 기력이 쇠하여 내 눈의 빛도 나를 떠났나이다"(시 38:3-10).

다윗은 범죄 함으로써 양심의 가책을 느끼게 되었고, 이것은 그의 면역 시스템을 저하시켰던 것입니다. 현대 과학자들이 말하는 것처럼 죄책감은 면역 시스템에 가장 부정적이면서 강력한 악영향을 주는 감정입니다.

각종 질병을 치료하고 건강을 회복하기 위해서는 무엇보다도 먼저 면역 시스템의 기능이 회복되어야 합니다. 예수 그리스도는 우리의 죄책감을 제거할 수 있는 용서의 길을 열어주시고, 또한 죄를 승리할 수 있는 능력을 공급해 주심으로써 면역 시스템을 강화시켜 주십니다.

회개한 다윗의 회복된 기쁨과 건강한 소리를 들어보십시오. "내게 즐겁고 기쁜 소리를 들려 주시사 주께서 꺾으신 뼈들도 즐거워하게 하소서 … 주의 구원의 즐거움을 내게 회복시켜 주시고 자원하는 심령을 주사 나를 붙드소서"(시 51:8, 12).

그리스도인들은 현대 의학에 새로운 개혁을 일으킬 수 있는 건강 정보를 이해하고 있는 사람들입니다. 죄의 용서를 통하여 건강을 얻게 하시는 하나님의 치료법을 이해하게 될 때에 우리는 육체적, 정신적, 영적으로 최고의 건강을 소유할 수 있게 됩니다.

하나님의 치료법은 신비가 아니라 너무도 의학적이고 과학적인 치료법입니다. 하나님은 말씀하십니다. "악인은 그의 길을, 불의한 자는 그의 생각을 버리고 여호와께로 돌아오라 그리하면 그가 긍휼히 여기시리라 우리 하나님께로 돌아오라 그가 너그럽게 용서하시리라"(사 55:7).

단순한 마음으로 하나님을 신뢰하고 죄를 고백함으로써 얻을 수 있는 저항력의 회복을 놓치지 말아야 합니다.

최고의 천연치료제

의학자들은 말합니다. 마음의 슬픔, 걱정, 근심, 불안, 긴장, 미움과 분노, 두려움과 공포, 절망, 죄책감 등 어둡고 답답한 것들만 계속 생각하면 뇌신경 세포들이 몸의 면역 체계를 약화시키고 저항력을 떨어뜨리는 각종 화학 물질을 분비한다고 합니다.

그러나 어둡고 부정적인 생각을 버리고 밝고 명랑한 마음, 기뻐하고 감사하는 마음, 긍정적이고 적극적인 생각과 자세를 가지고 생활할 때 몸속에서 엔돌핀을 비롯해서 다이돌핀, 엔케

파린, 세라토닌 등 생화학 물질들이 분비되어 몸의 저항력을 높이고 면역체계를 강화시켜 질병을 이길 수 있도록 한다고 합니다.

의학계에서 이와 같이 마음의 중요성과 기쁨의 치료 효과를 말하고 있으나 성경은 이미 오래 전에 "마음의 즐거움은 양약이라도 심령의 근심은 뼈를 마르게 하는니라"(잠 17:22)고 말씀하고 있습니다. 웃음은 양약 보다 낫습니다. 우리는 건강을 위해서 기쁘게 살아야 합니다.

기쁘게 산다는 것은 자신에게 좋을 뿐 아니라 다른 사람에게도 좋은 것입니다. 감정은 전염성이 있습니다. 그렇기 때문에 기쁘게 사는 사람은 주변 사람들에게 기쁨을 주고, 사람들을 얻을 수 있습니다.

배운 것이 부족해도, 지위가 낮아도 기쁘게 사는 것이 행복입니다. 우리가 예수 그리스도를 증거하고 하나님의 영광을 드러내려면 찡그리고 슬퍼하는 얼굴을 가지고서는 안 됩니다. 밝고 명랑하게 웃으며 살아야 합니다.

웃는 모습은 아름답습니다. 얼마나 아름다우면 웃는 얼굴을 가리켜 '웃음꽃'이라고 하겠습니까? 아름다운 얼굴은 웃음이 있는 얼굴입니다. 웃음이 있는 얼굴은 화장을 하지 않아도 아름답습니다.

잠언 15장 15절을 보면, "즐거운 자는 항상 잔치 하느니라"고 말씀하고 있습니다. 웃음은 우리의 좋은 시간들을 더욱 빛나게 해주고 우리의 어려운 시간들을 밝혀 줄 것입니다.

프랑스 사람들은 웃음에 아주 훌륭한 격언을 가지고 있습니다. "모든 날 중 가장 완벽하게 잃어버린 날은 웃지 않고 지나간 날이다." 그렇다면 요즘 우리가 잃어버린 날들이 얼마나 될까요?

동전의 양면처럼 모든 상황에도 양면이 있습니다. 어떤 사람이든 슬퍼하면서 웃을 수 없고, 낙심하면서 기뻐할 수 없습니다. 결국 항상 기뻐하는 일은 선택에 달린 것입니다. 우리는 두 가지 중에 하나를 선택해야 합니다. 웃음은 눈물보다 낫고, 기쁨은 탄식보다 나은 것입니다.

마음을 다스리는 법

바울 사도는 빌립보서 4장 7-8절에서 마음을 다스리는 비결을 말씀하고 있습니다. "아무 것도 염려하지 말고 다만 모든 일에 기도와 간구로, 너희 구할 것을 감사함으로 하나님께 아뢰라 그리하면 모든 지각에 뛰어난 하나님의 평강이 그리스도 예수 안에서 너희 마음과 생각을 지키시리라."

인생은 어렵습니다. 인생은 복잡합니다. 인생에는 고통이 있습니다. 이 세상에 염려 없이 살 수 있는 사람은 한 사람도 없습니다. 그러나 염려한다고 해서 문제가 해결되는 것이 아닙니다. 사람들이 염려하는 90%는 실제로 일어나지 않습니다. 염려는 무가치한 것입니다. 염려는 시간 낭비입니다.

어느 심리학자는 염려를 '느린 형태의 자살'이라고 했습니다. 의사들은 위장 장애의 80%는 염려와 두려움에서 온다고 말합니다. 염려하고 두려워하면 거의 위장병이 생깁니다. 심장도 뛰고 머리도 아프고 잠도 안 옵니다. 염려는 건강에 지장을 주어 생명을 단축시킵니다.

염려는 떨쳐 버려야 합니다. 여기에 대한 바울의 처방은 아주 간단합니다. "아무 것도 염려하지 말고 다만 모든 일에 기도와 간구로, 너희 구할 것을 감사함으로 하나님께 아뢰라"는 것입니다. 염려를 이길 수 있는 가장 적극적인 방법은 모든 문제를 하나님 앞으로 가지고 나가 기도하는 것입니다. 그 이상 다른 방법이 없습니다. 우리는 기도로 염려를 이겨야 합니다. 염려가 다가오면 올수록 더 기도해야 합니다.

바울은 우리에게 막연히 기도하라고 하지 아니하고 친절하게 기도의 구체적인 방법까지 일러주고 있습니다. 구할 것을 감사함으로 하나님께 아뢰라는 것입니다. 우리가 기도할 때 처음부터 문제를 내어놓고 간구를 시작하면 문제에 짓눌려 기도가 잘 되지 않습니다.

처음에는 일반적인 기도로부터 시작하여 간구해야 하며 간구할 때 감사함으로 아뢰어야 합니다. 왜 그렇게 해야 할까요? 우리의 생각이 좁아지지 않도록 하기 위해서입니다. 사람은 누구나 어려움을 당하면 시야가 좁아지고 그렇게 되면 다른 감사거리마저 잃어버리게 됩니다.

또한 우리가 감사함으로 아뢰어야 하는 이유는 하나님은 모든 것을 합력하여 선을 이루어 주시기 때문입니다. 구약에서는 요셉의 삶이 합력하여 선을 이루시는 하나님의 역사를 선명하게 보고 있고, 신약에서는 바울의 삶이 그렇습니다.

주님 안에서 의미 없는 고난이 없습니다.

강원대 권오길 교수가 쓴 『괴짜 생물 이야기』를 보다가 재미있는 글이 있어 소개합니다.

> 배추는 평생 다섯 번 죽는다는 것입니다. 첫 번째 죽음은 땅에서 뽑히는 것, 두 번째 죽음은 고등어를 닮은 부엌칼이 배를 가르면서 죽는 것, 세 번째 죽음은 소금에 절여져서 죽는 것, 네 번째 죽음은 매운 고춧가루와 짠 젓갈에 범벅이 되어 죽는 것, 다섯 번째 죽음은 배추가 장독에 담

기고 응달에 묻혀 다시 한번 죽음으로서 제대로 된 김치 맛을 낼 수 있다.

그렇다면 성도된 우리는 주님께서 OK 하실 때까지 몇 번을 죽어야 할까요. 배추가 식탁에 오를 때까지 그 여러 번의 죽음이 있어야 한다고 묘사한 것처럼 우리는 고난을 통과해야만 하지 않을까요. 시편 119편 71절을 보면, "고난당한 것이 내게 유익이라 이로 말미암아 내가 주의 율례들을 배우게 되었나이다"라고 기록하고 있습니다.

우리는 고난을 두려워하지 말고 극복해 나가야 합니다. 고난을 통과하고 나면 그 뒤에는 좋은 일이 예비 되어 있습니다. 이 사실을 믿는 사람은 모든 일에 감사함으로 기도할 수 있습니다.

새로운 피조물

생동하는 자연은 날마다 그 모습이 새롭습니다. 철따라 옷을 갈아입습니다. 그렇기 때문에 자연의 모습은 싫증나거나 지루하지 않습니다. 자연은 우리에게 새로움에 대한 갈망을 갖게 합니다.

그리스도 안에 있으면 새로운 피조물입니다. 하지만 우리는 오랫동안 육신을 좇는 옛 사람의 습관대로 살았기 때문에 거듭난 후에 어떤 모습으로 살아야 할 것인지 잘 모르고 있습니다.

그러면 우리가 추구해야 할 새로운 피조물의 삶은 무엇일까요? 사도 요한은 사랑하는 자에게 편지하면서 "사랑하는 자여 네 영혼이 잘 됨 같이 네가 범사에 잘되고 강건하기를 내가 간구하노라"(요삼 2)고 축복했습니다.

영혼이 잘못 되고, 범사가 안 되고, 강건하지 못하게 된 이유는 근본적으로 하나님께 대한 불순종 때문이었습니다. 그러므로 영혼이 잘 되고, 범사에 잘 되고, 강건할 수 있는 비결은 순종하는 것입니다. 옛 사람은 불순종하며 살지만 새 사람은 하나님의 뜻에 순종하며 삽니다.

자연의 섭리에 순종하는 삶

신명기 28장을 보면, 하나님의 명령대로 순종하며 살면 육신의 건강과 복을 누리게 되지만 하나님의 말씀을 거역할 때는 반대로 질병의 고통과 멸망의 저주를 받게 된다고 말씀하고 있습니다.

잠언 8장 35-36절에서는 "대저 나를 얻는 자는 생명을 얻고 여호와께 은총을 얻을 것임이니라 그러나 나를 잃는 자는 자기의 영혼을 해하는 자라 나를 미워하는 자는 사망을 사랑하느니라"고 말씀하고 있습니다.

그리고 신명기 30장 15절에는 "보라 내가 오늘 생명과 복과 사망과 화를 네 앞에 두었나니"라고 말씀하고 있습니다.

결국 우리가 건강하고 하나님의 복을 누리려면 하나님의 말씀에 순종하는 길밖에 없는 것입니다. 그렇다면 하나님의 말씀은 무엇을 의미하는 것일까요? 기본적으로 율법을 말합니다.

그러나 성경만이 하나님의 말씀은 아닙니다. 하나님은 우주 만물을 통하여 우리에게 말씀하고 계십니다. 따라서 하나님이 창조하신 자연을 사랑하고 자연의 섭리에 순종하는 것이 온전히 하나님의 말씀에 순종하는 것입니다.

지금 우리는 눈에 보이지는 않지만 자연의 섭리를 위시하여 자연에서 생산되는 것들을 통해 살아가고 있습니다. 한 예로 공기를 생각해 보십시오. 생명의 유지를 위해 쉼 없이 들여 마시는 공기는 우리가 만드는 것이 아니라 하나님께서 자연계를 통하여 공짜로 제공해 주는 것입니다.

주기환 박사의 『공기 비타민 파워』를 보면, 공기 속에는 눈에 보이지 않지만 수분과 산소와 질소와 미립자가 존재하며, 숲속에서 발생하는 음이온 공기는 수분자와 결합하여 산소의 작용을 촉진시키는 것을 시작하여 각종 생리적으로 의미 있는 역할을 하기 때문에 '공기 비타민'이라고 불린다고 합니다.

이처럼 자연에는 생명의 비밀이 숨어 있습니다. 그런데 인간은 개발이라는 명목으로 자연을 마구 훼손하며 공기와 물과 흙을 오염시키고 있습니다. 그 대가는 곧바로 인간에게 해(害)로 돌아오게 되어 있습니다. 자연을 훼손하는 만큼 인간의 병은 늘어날 것입니다. 건강을 지킬 수 있는 최선의 길은 하나님이 만드신 자연을 그대로 보존하며 자연과 더불어 사는 것입니다. 우리는 자연으로 돌아가 사는 사람들의 이야기를 TV를 통해 볼 수 있습니다. 육신의 질병, 마음의 상처를 안고 자연을 찾아 치유된 사례들입니다.

의와 평강과 희락의 삶

아무리 건강한 사람이라도 마음이 흐트러지면 병이 생깁니다. 그렇기 때문에 성경은 "모든 지킬 만한 것 중에 더욱 네 마음을 지키라 생명의 근원이 이에서 남이니라"(잠 4:23)고 말씀하고 있습니다.

필자가 최근 출간한 『그 마음 참』에서 언급한 내용들이지만 다시 한 번 살펴보면, 우리의 마음은 눈으로 볼 수도 없고 손으로 잡을 수도 없지만 우리 삶을 지배하고 있습니다. 우리가 사용하는 말들을 검토해보면 우리가 얼마나 마음으로 살고 있으며 마음에 의해 좌우되는지 알 수 있습니다.

상대방을 좋아하면 '마음이 끌린다'고 하고, 믿고 신뢰하면 '마음을 준다'고 하고, 힘든 상황이 되면 '마음이 아프다, 마음이 괴롭다, 마음이 무너진다'라고 말합니다. 이 외에도 '마음에 걸린다, 마음을 연다, 마음에 담는다, 마음에 새긴다, 마음이 든든하다, 마음이 놓인다' 등 많은 표현들이 있습니다.

마음이 중요합니다. 마음먹기에 따라 죽느냐 사느냐가 결정

되는 경우가 많습니다. 사람들은 큰일을 앞두고 불안해하고 두려워히며 떱니다. 두려움이 크면 일 자체보다도 먼저 마음이 무너져 일을 망쳐 버리고 마는 것입니다. 선조들은 그것을 억장(億丈)이 무너진다고 말합니다. 사전적 용어로는 '극심한 슬픔이나 절망으로 몹시 가슴(마음)이 아프고 괴로운 상태'를 말합니다.

혹시 지루하지는 않으신지요. 잠시 쉬어가는 시간을 가져 봅니다. 여기서 말하는 억장의 장(丈)은 길이 단위로 열자에 해당하는 3m정도 됩니다. 그래서 억장을 말 그대로 풀어보면, 3억 미터가 됩니다. 지구를 한바퀴 도는 길이가 약 40,000km이니 3억 미터는 지구를 7.5바퀴 도는 길이가 됩니다.

현대인들은 늘 무언가에 쫓기며 이유를 알 수 없는 불안감에 시달리고 있습니다. 암을 비롯해서 현대인들이 앓고 있는 질병의 대부분은 심인성(心因性) 질병입니다. 이것은 마음에 평안이 없어서, 스트레스를 이기지 못해서 생기는 것입니다.

마음을 지켜야 합니다. 하지만 내 힘만으로는 잘 되지 않습니다. 하나님이 지켜주셔야 합니다. 하나님의 통치가 이루어지는 곳이 하나님의 나라입니다. 우리 마음에 하나님이 임재하시고 다스려 주시면 우리 마음은 곧 하나님의 나라가 되는 것입니다. 우리는 장차 임할 하나님의 나라 뿐 아니라 지금 내 마음에서 이루어지는 하나님 나라를 사모해야 합니다.

성경은 내적인 하나님 나라의 성격에 대하여 "하나님의 나라는 먹는 것과 마시는 것이 아니요 오직 성령 안에서 의와 평강과 희락이라"(롬 14:17)고 말씀하고 있습니다. 우리 마음속에 하나님의 영, 성령이 임재하시면 의와 평강과 희락을 누릴 수 있습니다. 이것은 그리스도 안에서 새로운 피조물이 된 우리가 이 땅에서 경험할 수 있는 하나님의 나라입니다.

사람들은 먹고 마시는 것으로 기쁨을 얻으려고 합니다. 그래서 맛있는 음식을 먹기 위해서라면 거리를 마다하지 않고 찾아가곤 합니다. 그러나 그 기쁨도 일시적인 것입니다. 어떤 환경에서도 누릴 수 있는 마음의 기쁨을 얻으려면 성경의 방법을 따라야 합니다.

성경은 우리에게 하나님을 경외하며 이웃을 위해 살라고 말씀하십니다. 자신만을 위해 사는 사람은 참된 기쁨을 맛보기 어렵습니다. 면역력을 강화할 수 있는 기쁨은 매주일, 정한 시간에 하나님을 기쁘시게 하는 예배를 드릴 때, 또한 다른 사람을 위해서 희생 봉사할 때 마음속에서 솟아납니다. 하나님을 마음속에 모시고, 하나님과 동행하는 삶을 사는 사람은 건강한 삶을 살 수 있습니다.

절제의 삶

바울은 우리에게 "너희는 너희가 하나님의 성전인 것과 하나님의 성령이 너희 안에 계시는 것을 알지 못하느냐"(고후 3:16)라고 묻고 있습니다. 하나님은 우리 몸을 성전 삼고 거하시며 사랑하십니다.

그런데 사람들은 스스로 자신의 몸에 독약을 마구 퍼부어 넣고 있습니다. 사람들이 흔히 먹고 있는 독약은 다름 아닌 담배, 술, 카페인이 든 음료입니다. 특히 요즘에는 마약이 성행하고 있습니다. 이것들은 건강을 해칠 뿐 아니라 이웃을 위협하는 소리 없는 무기가 됩니다.

특히 담배는 국민 건강을 해치는 최대의 적입니다. 담배 연기 속에는 4천여 종의 유독물질이 들어 있어 폐암의 주요 원인이 된다는 것입니다. 담배 속의 니코틴은 아편과 같은 수준의 마약입니다. 담배는 자신 뿐 아니라 간접적으로 가족이나 주위 사람들에게 건강상의 크나큰 피해를 줍니다. 간접 흡연자가 더 해롭다는 결과가 나오기도 했습니다.

좋은 공기를 충분하게 마시지는 못할망정 산소를 혈액 속으로 확산시키고 이산화탄소를 배출하는 폐 속에 청산가리보다 더 독성이 강한 담배의 화학가스를 주입하는 일은 우리 몸을 만드신 하나님을 슬프게 하는 일입니다. 단순한 질문이지만 그렇게 해로운 담배를 국가에서는 왜 만들어 국민들에게 판매를 하고 있는 걸까요.

아무리 어려운 질문에도 대답할 수 있는 현인(賢人)이 있었습니다. 어느 날 한 소년이 현인을 골려주기로 마음을 먹었습니다. 소년은 새 한 마리를 손에 움켜쥔 채 현인에게 가기로 했습니다. 그가 마음속으로 세운 계획은 이런 것이었습니다.

"내 손안에 있는 새가 죽었는지 살았는지 물은 후에 만일 죽었다고 대답하면 새가 날아가도록 놓아줘야지. 만일 살았다고 대답하면 새를 손바닥으로 눌러 죽여서 틀렸다는 것을 보여주는 거야."

소년은 참새를 잡아 숲속에 사는 현인을 찾아가 물었습니다. "내 손에 있는 참새가 살았을까요, 아니면 죽었을까요?" 그러자 현인은 빙그레 웃으면서 이렇게 말했습니다. "그건 네 손에 달려 있지."

우리 몸의 건강도 우리 손에 달려 있습니다. 암세포를 만들어 내는 것은 바로 인간 자신입니다. 암 세포가 만들어지는 것은 체내에 암세포가 발생하기 좋은 상태로 되어 있기 때문입니다. 곧 체내에 문제가 있는 것이지 암세포가 문제인 것은 아닙니다.

현대인의 대다수는 자신의 소중한 몸을 훼손하고 병들게 하며 생명을 헛되이 연소시키고 있습니다. 솔직히 이야기 해 봅시다. 건강하지 못한 것은 절제하지 못한 우리의 책임이 아닌가요?

누구나 몸무게를 줄이는 일로 고민을 하지만 공복감을 잘 다스리지 못합니다. 적당히 먹고, 적당히 일하고, 적당히 놀아야 합니다. 모든 일에 절제가 필요합니다.

토머스 커스틴이라는 역사물을 저술하는 작가가 유럽 벨기에 왕가의 흥망성쇠를 다룬 책을 썼습니다. 그 책에 레이놀드라는 왕자의 이야기가 있습니다. 레이놀드 왕자에게는 크라수스라는 별명이 있었습니다. 그 뜻은 '뚱뚱한 것보다 더 뚱뚱하다'는 뜻입니다.

레이놀드 왕자는 서열상 차기 왕이 될 사람이었는데 부왕이 갑자기 서거하자 그 동생 에드워드가 쿠데타를 일으켜서 정권을 잡았습니다. 그리고 형 레이놀드를 유커크라는 성에 가뒀습니다.

정권을 잡은 동생 에드워드는 형을 절대로 죽이지 않겠다고 약속하면서 감옥을 비교적 아담하게 꾸며 살기 좋은 방으로 만들어주었습니다. 또한 감옥에 작은 창문 하나를 만들어주고 형에게 이렇게 말했습니다.

"형이 원하면 언제든지 창문으로 나갈 수 있고 그래서 자유인이 되실 수 있어요." 그런데 문제는 그 창문이 아주 작다는 것입니다. 몸무게를 줄여야만 그 창문 바깥으로 나가서 자유인이 될 수가 있습니다.

왕이 된 동생 에드워드는 신하들을 모아 놓고서 말했습니다. "만약 형이 몸무게를 줄여서 저 창문을 나올 수가 있다면, 형은 대단한 의지를 가진 사람으로서 자신을 잘 관리하는데 성공한 사람이다. 그렇다면 나는 기쁘게 내 형에게 왕의 자리를 양위하겠다. 그러나 나오지 못한다면 자기 몸무게 하나 컨트롤할 수 없는 사람인데 어떻게 나라를 다스리겠는가! 내 결정이 옳다고 생각하지 않느냐?"

그리고 감옥을 지키고 있는 경비병에게 매일 하루 세 끼씩 산해진미의 음식을 형이 있는 감옥에 제공하도록 했습니다. 그리고 원하면 언제든지 간식을 풍성하게 먹을 수 있도록 배려했습니다.

그 후 어떻게 되었을까요? 감옥에서 나왔을까요? 못 나왔을까요? 그는 나오지 못했습니다. 10년 후, 그의 동생 에드워드가 전쟁터에서 전사하게 되었습니다. 그때에야 그는 자유인이 됩니다. 그러나 나오자마자 자기 몸을 관리하지 못한 그는 병으로 죽고 말았습니다.

이 레이놀드라는 왕자의 비극, 이것은 그가 왕위를 찬탈 당하고 감옥에 들어간 한 나라의 역사적인 인물의 비극을 말하고 있는 것이 아니라 그가 한평생 덤식이리는 유혹을 절제하지 못하고 탐식의 감옥에서 살다간 사람의 비극이라고 할 수 있습니다. 새로운 피조물이 된 우리들이 맺어야 할 성령의 열매 중 마지막은 절제입니다. 참 자유는 절제에 있습니다. 금기와 절제는 다릅니다. 금기에는 '하지 못하는 고통'이 있지만 절제에는 '하지 않는 즐거움'이 있습니다. 우리는 성령의 은혜로 절제의 열매를 맺어야 하지 않을까요.

더불어 사는 삶

필자가 호스피스 봉사를 하고 있을 때의 이야기입니다. 암을 발견된 지 한 달 정도 된 분이 이곳저곳 병원을 찾아다니다가 결국에는 인정을 하고 필자가 봉사하며 섬기는 곳을 찾아와서 죽음에 대한 두려움을 털어놓았습니다. 그 전에는 "중병에 걸려 죽게 되면, 죽으면 되지 뭐"라고 하면서 죽는 일을 대수롭지 않게 생각했었는데, 막상 암 선고를 받고 죽음을 직면하게 되니 두렵다는 것입니다.

그의 가족 이야기를 들으면서 고부갈등의 심각함을 느끼며 병의 원인을 알 것 같았습니다. 고부갈등은 고스란히 부부관계에 영향을 미칩니다. 시어머니가 며느리에 대해서 심할 정도의 분노의 감정을 가지고 있음을 보면서 삶의 갈등과 스트레스가 어느 정도였을지 짐작할 수 있었습니다.

대개 암의 발병은 스트레스에 의해 기인(起因)하고 있습니다. 스트레스는 만병의 근원입니다. 그러므로 우리는 어떤 어려운 형편에 있든지 간에 스트레스 받지 않도록 노력해야 합니다. 그리고 스트레스를 받더라도 속히 풀 수 있는 지혜를 터득해야 합니다.

하나님은 우리가 이 세상에 태어날 때 우리 생명체 속에 병이 생기면 고치게 하는 자연치유능력이라는 치료의 요소도 함께 갖추어 주셨습니다. 그래서 상처를 입든지 병균이 우리 몸에 들어오면 생살이 돋아 상처를 아물게 하고 병균과 싸워 깨끗이 낫게 합니다.

의학의 아버지로 불리는 히포크라테스는 "치료하는 것은 자연이다. 의사는 단지 자연의 조력자일 뿐이다"라고 말했습니다. 성경은 분명하게 "나는 너희를 치료하는 여호와임이라"(출 15:26)고 말씀하고 있습니다. 치료의 시작은 의사가 하지만 완전한 회복은 하나님의 사랑인 자생력이 완성합니다.

치료 기술은 단지 인간 스스로 갖고 있는 치료 능력이 잘 발휘되도록 돕는 것일 뿐입니다. 질병의 치료와 건강은 모두 하나님의 축복의 결과입니다. 따라서 의술이 좋다하며 내가 환자를 치료하였다고 한다면 이것은 하나님 앞에 교만한 태도가 되는 것입니다.

비록 암이 걸렸다 해도 불안해하거나 두려워하지 말고 하나님이 주신 자생력을 믿고 맡기는 자세가 필요합니다. 어설프게 치료를 하다보면 오히려 삶의 시한이 단축될 수 있습니다. 치료보다 우선해야 할 일은 몸을 만드는 일입니다.

암을 죽이려 하면 암 세포는 살기 위해서 치열한 싸움을 벌입니다. 대개는 몸이 약해진 상태에서 정상세포가 암에게 지게 됩니다. 그러므로 암 세포를 죽이려 하지 않고 더불어 살면 암세포나 정상세포 모두 스스로 살 길을 찾는 것입니다.

우리 인간 사회에서도 함께 사는 길을 선택해야 합니다. 정치계에서도 서로 상대방을 죽으려 하지 말고 상생(相生)하는 정치를 해야 합니다. 경제가 어려울 때 대규모 구조 조정보다는 노사가 서로가 조금씩 양보하고, 임금을 낮추어서라도 다같이 사는 길을 찾아야 합니다.

누구나 가야하는 길이 죽음의 길입니다. 죽음을 두려워하면 한평생 죽음의 종노릇할 수밖에 없습니다. 예수님은 죽음에서 부활하심으로서 우리를 자유롭게 하셨습니다(히 2:15). 우리는 부활의 신앙을 가지고 죽음을 수용할 뿐 아니라 영원한 하나님

나라에 대한 소망을 가지고 마음의 안식을 누릴 수 있어야 합니다. 밥 잘 먹고 잠만 잘 자면 나을 수 있습니다.

스트레스로 인해 불면증에 시달리는 현대인들에게 가장 필요한 것은 주님의 평안입니다. 온갖 병을 예방하는 최고의 방법은 마음의 평안을 누리며 사는 것입니다. 주님은 말씀하십니다. "평안을 너희에게 끼치노니 곧 나의 평안을 너희에게 주노라 내가 너희에게 주는 것은 세상이 주는 것 같지 아니 하니라 너희는 마음에 근심하지도 말고 두려워하지도 말라"(요 14:27).

산에서 목이 마르면 골짜기를 찾아서 물을 구해야지 산꼭대기로 올라가면 안 되는 것처럼 참된 평안의 출처를 알아야 합니다. 환경을 초월하는 참된 평안은 하늘로부터 임합니다. 하늘의 평안을 얻으려면 주님 앞으로 나와야 합니다. 주님 앞에 나와 평안을 구해야 합니다.

주님 안에 있으면 새로운 피조물이 됩니다. 그러면 우리는 사람들에게 이렇게 외칠 수 있습니다. "이전 것은 지나갔으니 보라 새 것이 되었도다"(고후 5:17).

하늘나라 소망으로 사는 삶

필자는 언젠가 친구 목사님이 시무하는 일산의 아름다운 교회를 찾았습니다. 목사님과의 대화 속에서 멀리 여수에서 30대 부부가 홍천 사랑이 있는 마을을 찾아왔다는 것입니다. 지인의 소개로 왔다면서 암으로 고생하는 남편을 위해 아내가 초등학교에 다니는 아이들을 맡겨놓고 먼 길을 동행을 했다고 했습니다. 당시에는 안타깝지만 머무를 수 있는 방이 없어서 돌려보냈다는 것입니다.

그런데 그 부부는 멀리 있는 임시 거처에서 다음날도, 또 그 다음날도 찾아왔고, 감탄할 만큼 대단한 열성을 가진 부부였다는 것입니다. 그들은 사랑이 있는 마을이 너무 좋다면서 근처에서 민박을 하면서라도 머물고 싶다고 말했다는 것입니다.

한 번은 돌아가기에는 늦은 시간이었기에 함께 자고 다음날 돌아가라고 권하며, 아침 식사 때 정성껏 준비한 음식을 함께 나누었는데 한 달 만에 밥 같은 밥을 먹어본다고 감격하며 감사하는 그들의 모습을 보면서 사역의 보람을 느꼈다고 했습니다.

여기서 그들의 지치지 않고 찾는 것은 역시 구하면 얻고, 찾으면 찾고 문들 두드리면 열리게 된다는 진리를 얻습니다(마 7:7). 구하지 않기 때문에 얻지 못하고, 찾지 않기 때문에 못 찾는 것이고, 두드리지 않기 때문에 열리지 않는 것입니다.

그들 부부는 아내의 적극적인 성격 탓에 가끔 티격태격하지만 금방 풀어지는 좋은 성품을 지닌 남편을 바라보면서 미소 짓게 하는 것을 보았다고 이야기 했습니다. 어부이신 그 환우의 아버지가 아들을 위해 가끔 싱싱한 먹을거리를 보내곤 한다고 했습니다. 그 덕분에 함께 나누는 기쁨도 맛보았다고 합니다.

그들이 사랑이 있는 마을에서 작은 천국을 경험하고 있다는 이야기 들으면서 떠오르는 하나님의 말씀이 있었습니다. "세례 요한의 때부터 지금까지 천국은 침노를 당하나니 침노하는 자는 빼앗느니라"(마 11:12).

침노를 당한다는 것은 천국이 확장되는 것을 의미하고, 침노한다는 것은 구원을 얻고 천국의 유업을 얻기 위해 애쓰고 심혈을 기울이는 모습을 묘사하는 것입니다. 마치 사자나 호랑이와 같은 맹수들이 먹이를 취하기 위해 사력을 다하여 움켜쥐려는 상태를 뜻하는 것입니다.

하나님 나라는 간구하는 자들의 것입니다. 하나님 나라의 주인인 듯 행세했던 서기관이나 바리새인들이 하나님 나라에서 버림을 받은 반면 하나님의 나라와 거리가 먼 듯 보였던 당시의 세리나 창녀나 이방인들이 하나님 나라를 차지한 것은 그들이 간절히 찾고 구했기 때문이었습니다.

히스기야 왕이 죽을병에 걸렸지만 심히 통곡하며 눈물로 기도함으로 하나님의 은혜를 입어 고침 받고 15년을 더 살았습니다(사 38:1-5). 침노하여 천국을 차지한 그들이 하나님의 은혜로 더욱 평안을 누리고 병 고침까지 받았으면 하는 소원을 가지고 기도했습니다.

필자는 가끔은 엉뚱한 생각을 합니다. 히스기야의 기도의 응답으로 이사야 38장 8절에서 "해시계에 나아갔던 해 그림자를 뒤로 십 도를 물러가게 하리라 하셨다 하라 하시더니 이에 해시계에 나아갔던 해의 그림자가 십 도를 물러가느라"고 하였는데, 그래서 서머타임이 생긴 것은 아닌가 생각합니다.

아무튼 살고 죽는 것은 하나님의 뜻에 달려 있습니다. 하나님의 뜻에 따라 살기도 하고 죽기도 하는 것입니다. 부르시면 아쉬워도 가야 합니다. 우리가 그리스도 안에서 새로운 피조물이 되었어도 이 세상에서는 어쩔 수 없이 생로병사의 과정을 겪고 하나님 나라에 가서야 육신의 한계를 벗고 온전해지는 것입니다.

영성 훈련

태어난 아이가 저절로 자라나지 않는 것처럼 영성도 저절로 자라지 않습니다. 성장을 위해 힘써야 합니다. 바울은 다메섹 도상에서 주님을 만난 이후 3년 동안의 아라비아 광야의 수련 기간을 가졌고, 14년간의 침묵 기간을 보냈습니다.

바울은 어린 아이와 같은 수준의 고린도 교회 성도들에게 교훈하면서 자신도 영적으로 어린 아이였다가 장성하게 되었음을 고백했습니다. "내가 어렸을 때에는 말하는 것이 어린 아이와 같고 깨닫는 것이 어린 아이와 같고 생각하는 것이 어린 아이와 같다가 장성한 사람이 되어서는 어린 아이의 일을 버렸노라"(고전 13:11).

영적 어린 아이는 아는 것이 적고 이해하는 것도 적고 깨닫는 것도 적습니다. 그러나 장성한 사람일수록 아는 것이 많고 이해하는 것도 많고 깨닫는 것도 많아집니다.

펼쳐 놓은 큰 성경

하나님은 우리 인간들에게 하늘의 교훈과 진리를 가르치는 교과서를 주셨는데, 하나는 성경이고 또 하나는 자연입니다. 썬다 싱은 "성경은 작은 책이고, 자연은 펼쳐놓은 큰 성경이다"라고 했습니다.

자연에는 하나님의 손길이 깃들어 있고 하나님의 지문이 묻어 있습니다. 그렇기 때문에 피조 세계를 주목해 보면, 그 가운데서 하나님의 성품과 하나님께서 정하신 원리와 법칙들을 발견할 수 있습니다.

그래서 다윗은 "여호와 우리 주여 주의 이름이 온 땅에 어찌 그리 아름다운지요 주의 영광이 하늘을 덮었나이다"(시 8:1)라고 했고, 이사야는 "너희는 눈을 높이 들어 누가 이 모든 것을 창조하였나 보라"(사 40:26)고 했습니다. "브레이크는 "한 알의 모래에서 하나의 세계를 보고, 한 송이 들꽃에서 천국을 본다"라고 했습니다.

수많은 만남이 자연에서 이루어졌습니다. 하나님은 산 위에서 또한 광야에서 모세를 만나셨고, 강가에서 야곱을 만나주셨습니다. 다윗은 양을 치는 들판에서 하나님을 경배했습니다. 예수님도 갈릴리 해변을 거니실 때 제자들을 부르셨습니다.

또한 수많은 진리가 자연을 비유로 선포되었습니다. 니고데

모가 거듭남에 대해서 질문했을 때 예수님은 "바람이 임의로 불매 네가 그 소리는 들어도 어디서 와서 어디로 가는지 알지 못하나니 성령으로 난 사람도 다 그러하니라"(요 3:8)고 말씀하셨습니다. 이렇게 예수님은 자연을 통해 진리를 가르쳐 주셨습니다.

영성훈련은 특별한 것이 아닙니다. 생활 속에서 어떤 행동을 꾸준히 실천함으로 하나님의 사역에 협조하고 동참하며 하나님과 친밀해 지는 것입니다. 영성훈련의 방법은 다양합니다. 그 중의 하나는 자연을 통한 영성훈련입니다. 자연은 영성훈련의 장소이기도 하고, 대상이 되기도 합니다.

자연 속에서의 기독교 영성훈련의 역사는 4세기로 거슬러 올라갑니다. 도시의 삶에서 벗어나 수도원과 수녀원을 세운 사람들이 있었습니다. 이집트의 안토니를 수장으로 한 이들은 '사막의 아버지와 어머니'라고 불리었습니다.

이들은 영성훈련을 위해 고독과 묵상과 기도를 매우 중시했습니다. 교회는 침체에 빠질 때마다 하나님과 친밀함을 강조한 이들로부터 갱신의 힘을 얻곤 했습니다. 우리는 이러한 교회의 역사를 통해 자연 속에서 영성훈련의 가치를 깨닫게 됩니다.

우리는 사계절이 있는 나라에서 살고 있습니다. 어떤 나라는 일 년 내내 덥고 어떤 나라는 일 년 내내 춥기만 합니다. 하지만 우리나라는 사계절이 뚜렷합니다. 사계절을 통해서 누리는 혜택은 우리에게 주어진 특권입니다.

봄·여름·가을·겨울의 사계절의 변화는 인생을 의미 있게 살도록 합니다. 사계절은 우리 인생의 한 과정과 같기 때문입니다. 사계절의 자연은 우리 영혼의 교사입니다. 철따라 메시지를 줍니다.

모진 겨울을 이겨내고 움트는 새싹과 꽃망울에서 부활의 찬가를 듣습니다. 한 여름 폭우 뒤에 나타나는 무지개에서 하나님의 약속을 확인합니다. 떨어지는 낙엽에서 생존의 지혜를, 찬바람을 맞고 서 있는 앙상한 나뭇가지에서 우리는 소망의 인내를 배웁니다.

자연은 그야말로 영성훈련의 보고(寶庫)요 가장 훌륭한 장(場)입니다. 사계절의 자연은 우리 인생의 축소판과 같습니다. 움이 돋는 봄은 터 닦는 소년이요, 자라는 여름은 기백이 왕성한 청년이요, 결실하는 가을은 인생을 추수하는 장년이요, 저장하는 겨울은 고요히 여생을 즐기는 노년입니다.

우리는 사계절의 자연 속에서 하나님의 법칙과 섭리, 그리고 인생의 신비를 깨달을 수 있는 안목을 가져야 합니다. 그리고 그 안목으로 날마다 우리의 영성을 키워나갈 수 있어야 합니다.

한 조류학자가 새의 언어를 이해하기 위해 깊은 산 속에 살면서 새의 소리를 날마다 듣는 가운데 새들의 언어를 알아듣게 되었습니다. 새들의 언어는 매우 간단했습니다. 매우 단순한 의사를 전달하는 몇 마디뿐이었습니다.

그는 새의 언어를 알게 된 후에 새의 언어를 말하는 것을 연습하기 시작했습니다. 얼마 후에는 새들과 대화가 가능해졌습니다. 새들을 오라고 하면 새들이 몰려왔고 가라고 하면 새들이 날아갔다고 합니다. 우리의 영성도 훈련하면 할수록 더욱 자라납니다.

침묵 훈련

터키에 있는 티우라스 산의 정상 후미진 골짜기에는 독수리들이 많이 서식하고 있습니다. 그 독수리들에게는 왜가리가 가장 좋은 먹이 감이라고 합니다. 왜 그럴까요?

왜가리들은 떠들기를 아주 좋아하는 새들로서 특히 날아다닐 때 큰 소리를 냅니다. 여행 중 소란스러운 소리는 독수리에게 좋은 신호가 되어 독수리에게 잡혀 먹히는 것입니다.

그래서 나이 많고 경험이 풍부한 두루미들은 그들의 소란스러운 약점을 드러내지 않고 위험을 피하기 위해 여행 전이면 항상 그들의 입에 가득 찰 정도의 크기인 돌을 집어 뭅니다. 이들은 불가피하게 침묵을 유지하게 되어 죽음을 피한다는 것입니다.

"입과 혀를 지키는 자는 자기의 영혼을 환난에서 보전하느니라"(잠 21:23)는 말씀의 의미를 깨우쳐 주는 이야기입니다. 대개 마음이 불안하면 많은 말을 하게 되고, 말을 쉽게 하는 것은 책임감이 없기 때문입니다. 옛날 우리 선조들은 "말로써 말이 많으니 말을 말까 하노라"하면서 입을 다무는 것을 현명하게 생각했습니다. 또 모로코 속담에 "말로 입힌 상처는 칼로 입힌 상처보다 깊다"라고 했으며, 이 말이 얼마나 중요하면 초등학교 5학년 1학기 교과서에 전해오는 노래라고 하여 '말하기 좋다 하고'가 실려 있습니다.

성경은 말을 많이 하는 사람을 가리켜 우매(愚昧)한 자라고 말씀하고 있습니다(전 10:14). 즉 어리석고 사리에 어둡다는 뜻이지요. 말이 많으면 그만큼 실수가 많기 때문입니다(잠 10:19). 우리는 종종 말로 인해 마음에 상처를 입습니다. 나만 상처받는 것이 아니라 나도 역시 남에게 상처 줄 수 있습니다. 상처를 주지 않으려면 말의 절제가 필요하고, 상처받지 않으려면 별 뜻 없이 내 뱉는 말에 신경을 곤두세우며 반응하지 말아야 합니다.

어떤 수도사에게 여인이 찾아와 "남편과의 다툼 때문에 살

수가 없다"라고 하소연했습니다. 수도사는 물이 담긴 병을 하나 주면서 "남편과 다투기 직전 이 물 한 모금을 입안에 물고 삼키지 말라"고 말했습니다.

여인은 남편이 시비를 걸 때마다 그렇게 했습니다. 그러자 가정이 조용해지고 부부가 화목하게 되었습니다. 후에 여인이 수도사를 찾아가 '신기한 물'이라고 감탄하자 수도사가 말했습니다. "그 물은 평범한 물입니다. 다만 침묵이 신비로울 뿐입니다."

우리는 침묵할 수 있는 힘과 능력을 길러야 합니다. 침묵은 내적인 힘을 지닌 자만이 보일 수 있는 절제된 모습입니다. 침묵은 어떤 경우 가장 강력한 언어라고 할 수 있습니다.

예수님은 대제사장 가야바 앞에서, 헤롯 왕 앞에서, 빌라도 총독 앞에서 침묵하셨습니다.

"예수께서 침묵하시거늘"(마 26:64).

"아무 말도 대답하지 아니하시니"(눅 23:9).

"예수께서 대답하여 주지 아니하시는지라"(요 19:9).

예수님이 침묵하셨던 때의 상황을 보면 무정한 교권주의에 침묵하셨고, 무모한 호기심 앞에서 침묵하셨고, 헐뜯는 비평 앞에서 침묵하셨습니다(요 19:9).

이사야 선지자가 고난 받는 메시아에 대해 예언한 대로 예수님은 마치 도수장으로 끌려가는 어린 양과 털 깎는 자 앞에 잠잠한 양같이 그 입을 열지 아니하셨습니다(사 53:7).

예수님의 침묵은 묵비권을 행사하는 것이 아니었습니다. 예수님의 침묵은 가장 웅변적인 대답이었습니다. 겟세마네 동산에서 기도하면서 이미 죽기로 각오하셨기 때문에 변명할 필요가 없었던 것입니다. 마음에 하늘의 평화를 간직한 자는 침묵할 수 있습니다. 예수님의 침묵은 바로 그런 침묵이었습니다.

침묵은 마음의 분진(粉塵)을 가라앉히고, 분산되어 있는 마음의 가닥을 하나로 모으고, 출렁이는 마음의 파도를 고요히 가라앉히어 자신을 들여다 볼 수 있게 합니다. 침묵하는 자는 하늘의 평화를 간직한 사람이 되어 천하를 다스리기보다 더 어려운 자신의 왕국을 다스릴 수 있게 됩니다.

침묵은 참 말을 하기 위해 소리의 잔가지들을 모두 잘라내어 불에 태워버리는 것입니다. 정말 깊이 있는 말은 침묵 중에 나옵니다. 피타고라스는 "침묵하라, 그렇지 않으면 침묵보다 더 가치 있는 말을 하라"(Be silent, or say something more valuable than silence)고 했습니다. 침묵이 없으면 묵상이 없고, 묵상이 없으면 사상이 없고, 사상이 없으면 지조가 없습니다.

침묵은 마음의 자리를 비우고 넓혀서 더 세미한 소리를 들을 수 있게 합니다. 침묵하면 바깥 소리가 너무 커서 듣지 못했던 나의 내면의 소리를 들을 수 있습니다. 침묵은 이미 큰 기도입니다. 왜냐하면 침묵의 고요함 속에서 하나님의 임재를 경험하며 말없는 대화를 나눌 수 있기 때문입니다.

필자도 수련을 위해 침묵영성훈련원을 찾은 적이 있습니다. 필자의 책 『그 마음 참』에서도 잠깐 언급을 했지만 침묵은 때로는 마음을 수양하는 도구이기도 합니다. 그래서 시간이 날 때는 가까운 산을 찾아 걸으며 마음의 수양을 위해 침묵으로 산행을 합니다.

산은 우리에게 침묵을 가르쳐 줍니다. 산은 자기 위치를 지키면서 묵묵히 언제나 그 자리에 서 있습니다. 잠시 세상을 떠나 자연 속에서 홀로 있는 시간은 침묵 훈련의 시간이요, 또한 고독 훈련의 시간입니다.

고독 훈련

사람들은 고독한 상태를 견디지 못하며 고독을 피할 수 있는 해결책을 찾습니다. 그러나 영적으로 고독이 나쁜 것만은 아닙니다. 오히려 우리는 하나님 앞에 홀로 있는 시간을 가져야 합니다. 고독은 하나님의 은혜의 시간입니다. 홀로 있음을 두려워 말아야 합니다.

A. W. 토저는 "큰 독수리는 홀로 날아간다. 큰 사자는 홀로 사냥한다. 위대한 사람들은 홀로 간다"라고 말했습니다. 하나님은 하나님과 함께 가며 홀로 있음을 즐거워하는 사람을 찾으십니다.

하나님과의 독대의 시간, 그때서야 비로소 우리는 진실한 자신과 만나게 됩니다. 나를 감싸고 있는 세상의 모든 포장을 벗고 있는 모습 그대로의 연약함과 상처들을 드러내게 됩니다. 광야에 홀로 남겨진 듯 고독의 시간을 견디고 계십니까? 그렇다면 지금이 바로 은혜의 시간, 주님과의 독대의 시간입니다.

고요함 속에서 모든 것을 내려놓고 주님의 세미한 음성에(왕상 19:12), 목자의 음성(요 10:4)에 귀를 기울여야 합니다. 그리고 "여호와여 말씀하옵소서 주의 종이 듣겠나이다"(삼상 3:9)라고 고백할 수 있어야 합니다.

중국 내지 선교회 창설자인 허드슨 테일러는 선교지에서 부인을 잃고 깊은 외로움에 시달렸습니다. 그러나 그는 외로움을 이겨내고 어머니에게 이렇게 편지를 썼습니다.

"아내가 제게 어떤 존재였는지는 그분만이, 오직 하나님만이 아십니다. 그분은 제 눈의 빛과 제 마음의 기쁨이 얼마나 그녀 안에 있었는지를 아십니다. … 그러나 그분은 그녀를 취하시는 것을 좋게 여기셨습니다. 그리하여 그분은 그분의 사랑 가운데 그녀를 고통 없이 취하셨습니다. … 실은 혼자가 아니지요. 하나님은 어느 때보다도 제 곁에 가까이 계십니다."

허드슨 테일러는 아내를 잃은 후 그 깊은 외로움 속에서 하나님과 더 가까워졌습니다. 주위에 있는 사람이 우리를 떠나도 절망하지 말아야 합니다. 우리를 찾아오는 홀로 있는 시간은 우리의 친구입니다. 하나님은 언제나 함께 하십니다. 하나님이 함께 하시기에 혼자가 아닙니다.

깊은 영성을 소유하려면 고독을 하나님의 선물로 받아들여야 합니다. 고독할 때는 고독해야 합니다. 고독을 고통스러워하지 말고 고마워해야 합니다. 고독할 때 자신과 대화할 수 있게 되고, 나아가 하나님과 대화할 수 있기 때문입니다.

예수님도 고독하셨습니다. 그러나 예수님은 고독을 피하시지 않았습니다. 오히려 고독을 찾아가셨습니다. 새벽 미명에 홀로 일어나 기도하러 산으로 가셨고, 밤을 세워가며 홀로 기도하셨습니다.

고독은 권태를 극복하는 길이기도 합니다. 중년 부부들의 문제는 권태입니다. 그것은 오랫동안 함께 사는데서 오는 태만함입니다. 얼굴을 맞대고 속삭이던 밀월(蜜月) 기간이 지나면 큰 소리로 싸우기 시작합니다. 사랑싸움도 한 때입니다. 중년기에 접어들면 그 싸움마저도 시들해집니다. 중년기는 소위 결혼생활의 권태기입니다.

그러나 얼마동안 홀로 있는 시간을 갖게 되면 그리워하는 사랑이 다시 솟아나게 되고 사랑하는 사람과 함께 인생길을 걸어간다는 것이 얼마나 큰 복인지를 깨닫게 됩니다.

감수성 훈련

필자는 어린 시절 자연과 더불어 살았지만 도시생활을 하면서부터 자연과 멀어지기 시작했습니다. 심리학자들은 감수성 훈련을 통해 잃어버린 자아를 찾고자 훈련 프로그램을 계발합니다. 하지만 자연은 그 자체가 훈련의 대상입니다. 자연 속에서는 특별한 프로그램이 필요하지 않습니다.

숲속에는 눈(目)을 시원하게 하는 녹음이 있고, 새들과 풀벌레의 노래 소리가 있습니다. 풋풋한 산채의 향기가 입맛을 살려주고, 깨끗한 바람이 흐르는 땀을 닦아주며 온 몸을 시원하게 합니다. 자연은 둔해진 우리의 감각들을 회복시켜 줍니다.

거짓 없는 자연을 바라보십시오. 짙푸른 숲과 파란 하늘을 보고, 시원하게 맑은 소리를 내며 힘차게 흘러가는 시냇물을 보고, 매미 소리에도 귀를 기울여 들어보십시오. 매미의 종류에 따라 그 소리가 각각 다르다는 것을 알게 될 것입니다.

매혹적인 꽃향기, 싱그러운 풀냄새를 맡아보십시오. 보들보들한 꽃잎도 만져보십시오. 온 몸으로 자연을 느껴보십시오. 비가 그치고 골짜기에서 모락모락 피어오르는 물안개 모습은 정말 신비스럽고 운치가 있습니다. 그 모습을 카메라에 담고자 명소에는 많은 사람들이 몰려들기도 합니다.

필자는 어린 시절 자연과 더불어 지내던 그때의 삶이 새삼스럽게 감사한 마음으로 다가옵니다. 노년이 된 지금에 와서도 그러한 모습이 지금도 잊히지 않습니다. 사람의 마음은 오감(五感)을 통해서 열립니다.

참으로 걱정스러운 것은 이 시대의 아이들입니다. 도시에서 태어나 자라는 아이들은 자연을 모릅니다. 자연에 대한 감수성이 결여되어 자연을 느낄 줄 모릅니다. 자연에서 멀어지다보니 아토피로 인해 고생하는 아이들이 의외로 많습니다.

아이들은 자연에서 맘껏 뛰놀아야 건강하고 똑똑해집니다. 자연 체험은 아이들의 정서 안정과 상상력, 집중력, 감수성 향상에 큰 도움이 됩니다. 빽빽이 들어선 건물들과 폐쇄된 아파트 공간에서 살며 흙을 밟을 기회가 없는 아이들에게 방학 때만이라도 숲속의 푸른 기운을 느끼게 해 주는 것은 어떨까 하는 생각을 합니다.

묵상 훈련

우리가 습관적으로 해야 할 것은 묵상(默想)입니다. 이 세상에서 잘 먹고 잘 사는 사람을 복 있는 사람으로 생각하지만 성경은 주야로 묵상하는 사람을 복 있는 사람이라고 합니다(시 1:1).

흔히 묵상이라고 하면 세속적인 생각을 단절(斷絶)하고 마음을 비우는 작업이라고 생각합니다. 그러나 묵상은 비우는 것만이 아닙니다. 영성 신학자 리차드 포스터는 『영적 훈련과 성장』에서 "동양의 묵상은 마음을 비우기 위한 노력이다. 반면에 기독교의 묵상은 마음을 채우기 위한 시도이다"라고 했습니다.

동양의 수행자들은 자신을 비움으로써 도(道)에 이르려 했습니다. 자신의 생각을 잊고 자신의 존재마저 잊어버릴 수 있을 때 도(道)의 실체에 가까이 접근할 수 있다고 생각했습니다.

기독교의 묵상에서도 현실 세계에 얽매여 있는 복잡한 마음을 비우는 작업이 필요합니다. 마음을 비워야 영(靈)의 세계로 들어가 하나님의 음성을 들을 수 있습니다. 즉 비움은 채움을 위한 것입니다. 그렇게 해서 하나님을 알고 교제함으로써 하나님을 닮아가는 것입니다. 그리고 현실의 문제를 초월할 수 있는 영적인 힘을 얻는 것입니다.

묵상은 홀로 하는 것이 좋습니다. 예수님은 한적한 곳에서 자주 묵상하시며 기도하셨습니다. 성경을 보면, 예수님은 다음과 같이 몸소 행하셨습니다.

"새벽 아직도 밝기 전에 예수께서 일어나 나가 한적한 곳으로 가사 거기서 기도하시더니"(막 1:35).

"무리를 작별하신 후에 기도하러 산으로 가시니라"(막 6:46).

"예수는 물러가사 한적한 곳에서 기도하시니라"(눅 5:16).

묵상할 때는 질문을 사용하십시오. 질문을 할 줄 안다는 것은 자신이 무엇을 모르는지 안다는 것입니다. 모르는 것을 아는 것이 진정한 깨달음의 첫걸음입니다.

묵상의 대상은 성경과 십자가, 성화뿐만이 아닙니다. 이 세상 전체, 특히 자연은 훌륭한 묵상의 대상입니다. 에녹은 성경으로 묵상을 한 사람이 아니었습니다. 그 당시에는 성경이 없었습니다. 그러나 에녹은 매순간 하나님과 동행했습니다. 순간순간 하나님과 대화했고 하나님의 말씀을 들었습니다(창 5:24).

예수님의 산상보훈은 자연을 배경으로 하고 있습니다. 예수님은 자연 속에서 묵상하며 제자들에게 **교훈**을 주셨습니다. "너희가 어찌 의복을 위하여 염려하느냐 들의 백합화가 어떻게 자라는가 생각하여 보라 수고도 아니하고 길쌈도 아니하느니라 … 오늘 있다가 내일 아궁이에 던져지는 들풀도 하나님이 이렇게 입히시거든 하물며 너희일까 보냐 믿음이 적은 자들아"(마 6:28, 30).

'생각하여 보라'는 말씀은 많은 관심을 가지고 그 성장을 면밀히 관찰해 보고 깨달음을 얻으라는 것입니다. 생각하는 것을 게을리 하면 하나님의 은혜를 깨닫지 못할 뿐 아니라 죄에 빠지기 쉽습니다.

사탄이 에덴동산의 하와에게 찾아와서 하나님이 하신 말씀에 의심을 품게 했을 때 그는 깊이 생각하지 않았습니다. 사탄의 말에는 분명한 왜곡이 있었고 유혹의 덫이 숨겨져 있었습니다.

만약에 에덴동산에서 하와가 사탄의 말을 들었을 때 깊이 생각하고 하나님의 말씀과 사탄의 말을 비교했었더라면 에덴동산의 비극은 일어나지 않았을 것입니다. 『거짓의 사람들』에서 스캇 펙이 지적한 대로 원죄의 뿌리는 교만과 불순종 이전에 '생각의 게으름'에서 비롯된 것입니다.

가룟 유다의 비극도 역시 생각의 게으름에서 시작되었습니다. 요한복음 13장 2절을 보면, "마귀가 벌써 시몬의 아들 가룟 유다의 마음에 예수를 팔려는 생각을 넣었더라"고 했습니다. 좀 더 생각했었어야 했습니다. 그러나 유다는 사탄의 생각에 사로잡혀 스승을 은 30에 팔아넘기고 말았던 것입니다.

『팡세』라는 책을 남긴 기독교 사상가인 파스칼은 "인간은 자연 가운데서도 가장 연약한 갈대에 불과하다 그러나 인간은 생각하는 갈대이다. 우리 인간의 존엄성은 생각에 있다"라는 말을 했습니다. 우리는 깊이 생각하며 살아야 합니다.

하나님의 말씀을 중심으로 생각하고 또 생각하는 것이 곧 묵상입니다. 깊이 생각하면 깨닫는 것이 많습니다. 묵상은 적용이 중요합니다. 적용이 없으면 머리만 커지고 마음은 움직이지 않는 그리스도인이 될 수 있습니다.

적용의 영역은 하나님과 이웃 그리고 나 자신입니다. 하나님이 나에게 무엇을 원하시는지, 이웃에게 해야 할 일은 무엇인지, 변해야 할 나의 성격과 습관은 무엇인지를 찾아보는 것입니다.

묵상은 하나님의 음성을 기다리는 것입니다. 우리가 자연 속에서 조용한 시간을 갖는다면 침묵 가운데 우리 마음속에 떠오르는 생각이 하나님의 음성이라는 것을 알게 됩니다. 그렇게 하나님의 음성을 듣는 것이 우리의 습관이 되어야 합니다.

키에르케고르는 "처음에는 기도가 말하기라고 생각하게 됩니다. 그러나 차츰 침묵하게 되면서 결국 기도는 듣기라는 사실을 깨닫게 됩니다"라고 말했습니다.

나 중심의 기도는 말하기이지만 하나님 중심의 기도는 듣기입니다. 묵상을 하며 하나님의 음성을 기다리다보면 자연스럽게 듣는 기도로 이어지게 됩니다.

물에서 얻는 깨달음

대체로 사람들은 물을 좋아합니다. 왜 그럴까요? 어느 날 공자는 물가에 앉아 제자인 자공에게 말했습니다. "물은 백 길 벼랑도 두려워 않고 흘러내리니 용기가 있고, 아무리 옹색한 곳에라도 침투하니 통찰력이 있으며, 지상의 더러운 것을 씻어 버리니 감화력이 있다. 그래서 군자는 흐르는 물을 바라보기 좋아하는 것이다."

자연 속에서의 묵상의 대상으로 물을 생각해 보십시오. 흔히 세월의 흐름을 말할 때 '세월이 유수(流水)와 같다'고 말합니다. 쉴 새 없이 흘러가는 시냇물을 바라보면서 세월의 빠름을 실감합니다. 늙는 것이 싫다고 해서 세월을 늦출 수는 없습니다. 우리 마음대로 할 수 없는 것이 세월이고 인생입니다.

또한 물을 통해서 자연의 순환을 실감합니다. 시내는 항상 그 모습 같지만 한 번도 똑같은 모습을 한 적이 없습니다. 그런데 사람들은 무심히 바라보기 때문에 그 변화를 느끼지 못합니다.

자연의 참 모습을 변화무쌍한 것으로 파악했던 헤라클레이토스는 "사람은 두 번 다시 똑같은 강물에 들어갈 수 없다"라고 말했습니다. 끊임없이 새로운 물이 흘러오기 때문입니다.

만약 물의 순환이 이루어지지 않는다면 어떻게 될까요? 물이 들어오기만 하고 흘러나가지 않게 되면 그 물은 썩은 물이 되어버리고 맙니다. 그러한 곳에서는 생물이 살 수 없습니다. 우리가 잘 알고 있는 사해(死海)와 같은 곳이 되는 것입니다.

　필자는 많은 열대어를 키우면서 수조 관리에 세심한 신경을 씁니다. 비록 수조 안에 고인 물이라 할지라도 순환을 위해 여과기를 설치하여 순환을 시키고 환수도 해 줍니다. 그래야 썩지 않습니다. 그렇지 않으면 집 안에 있을 때는 모르지만 외출했다가 들어오면 물 냄새가 날 수 있기 때문입니다. 아마도 경험 보신 분들은 알 수 있을 것입니다.

　연못은 샘솟는 샘물이 있든지 아니면 물이 흘러들어오는 물줄기가 있어야 생물들이 살 수 있고, 또 그만큼 흘러나가야 연못으로서의 기능과 역할을 다하게 됩니다. '주시옵소서'라고 기도하면서 다른 사람에게 베풀지 않는 신앙 자세는 부패하기 쉬운 연못과 같습니다.

　필자는 인생을 살아가는데 있어서 최상의 방법은 물처럼 사는 것이라고 생각합니다. 우리가 물에서 배울 수 있는 것은 무엇일까요?

　첫째, 물은 유연합니다. 시냇물에는 많은 돌들이 있습니다. 그러나 물은 그 돌들과 대립하지 않고 감싸 안거나 피해서 흘러가고 있습니다. 물은 대인관계에서의 유연함을 가르쳐 줍니다. 전도자 바울은 "약한 자들에게 내가 약한 자와 같이 된 것은 약한 자들을 얻고자 함이요 내가 여러 사람에게 여러 모양이 된 것은 아무쪼록 몇 사람이라도 구원코자함이니"(고전 9:22)라고 했습니다. 바울은 물과 같이 유연했습니다. 그는 물과 같이 처신함으로 한 영혼이라도 더 구원하려고 했습니다.

둘째, 물은 적응력이 있습니다. 물은 네모진 그릇에 들어가면 네모진 모양이 되고, 세모진 그릇에 담으면 세모진 모양이 됩니다. 추울 때는 고체가 되기도 하고, 더울 때는 기체가 되기도 합니다. 그러나 모양만 변할 뿐 그 본질은 바뀌지 않습니다. 그리고 변한 뒤에도 다시 원래의 모습으로 돌아옵니다.

이처럼 물은 어느 상황에서나 본질은 변하지 않으면서 순응합니다. 물은 어떤 환경에서도 능히 적응할 수 있는 능력을 가지고 있습니다. 이것이 곧 약한 것 같으나 물의 힘이요 물만이 갖는 강점이라고 할 수 있습니다.

셋째, 물은 무서운 힘을 갖고 있습니다. 물은 평상시 골이 진 곳을 따라 흐르며 자연을 키우고 목마른 짐승들의 갈증을 풀어 줍니다. 물은 세상에서 가장 부드럽고 약한 것 같지만 물보다 더 강한 것은 없습니다. 물은 단단한 바위도 뚫을 수 있고, 물이 한번 용트림하면 바위를 부수고 산을 넘어뜨립니다.

우리는 해마다 여름철 장마나 홍수 때에 물의 무서운 힘을 경험하고 있습니다. 물은 온 산을 다 태우는 거센 불도 제압할 수 있는 힘을 가지고 있습니다. 노아의 홍수는 세상을 바꾸어 놓은 것을 성경을 통해 알 수 있습니다.

넷째, 물은 낮은 곳으로 흐릅니다. 물은 남과 지위를 다투거나 시기 질투하는 일이 없습니다. 물에게는 교만이 없습니다. 물은 익은 벼가 고개를 숙이는 것처럼 항상 겸손하게 자신을 낮춥니다. 물은 높은 곳에서 낮은 곳으로 흐릅니다. 낮은 곳에서 높은 곳으로 역류하는 법이 없습니다.

사람은 낮은 곳에서 높은 권력으로 오르려고만 하지만 물은 높은 곳에 놓아도 낮고 낮은 곳을 찾아 흐릅니다. 물은 언제나 모두가 싫어하는 낮은 곳으로 흘러갑니다. 그래서 물은 겸손의 상징이기도 합니다. 사람으로서 누가 이처럼 낮은 곳에 있고 싶어 하겠습니까?

그러나 물이 마침내 도달하는 곳은 드넓은 바다, 모든 것을 포용하는 바다라는 사실을 잊지 말아야 합니다. 바다가 만곡(彎曲)의 왕자인 이유는 낮은 곳에 있기 때문입니다. 우리가 구원을 얻을 수 있었던 것은 물과 같이 겸손하여 기꺼이 사람의 모습으로 오신 예수님 때문이었습니다.

다섯째, 물은 생명을 공급합니다. 물은 만물의 생명에 혜택을 줍니다. 모든 생물은 물로써 자라나고 생명을 유지합니다. 메말라 죽어가던 들풀도 비가 오면 움이 돋고 생명이 충만하게 됩니다. 물은 곧 생명의 시작입니다. 예수님은 자신을 가리켜 생명 샘이요, 영생의 물이라고 하셨습니다.

여섯째, 물은 더러운 것을 씻어 줍니다. 씻는 작용은 물에만 있는 특성입니다. 아무리 더러워도 물로 씻어버리고 물로 흘려버리면 깨끗합니다. 그래서 물은 죄 씻음을 상징합니다. 대제사장이 성소에 들어갈 때 물두멍에 먼저 손을 씻고 들어갔습니다. 신약 시대의 세례는 죄 씻음을 상징합니다.

일곱째, 물은 하나로 뭉칩니다. 물방울은 일단 만나면 서로 응결하고 뭉쳐서 시내가 되고 강물이 되고 바다가 되고 대양을 이룹니다. 물이 하나로 뭉쳐지듯이 성도된 우리들도 열이든 백이든 모이면 그리스도 안에서 하나가 되고 한 몸이 되고 한뜻이 되어야 합니다. 그래서 모이기에 힘써야 하는 것입니다.

자연은 하나님이 정하신 법칙과 원리에 따라 스스로 옛 것을 버리고 새 것으로 순환하면서 생명을 유지하고 자연과 인간 모두에게 유익을 줍니다.

자연은 연약하지만 진정으로 강한 것이라는 진리를 가르쳐 줍니다. 큰 나무는 풀보다 강합니다. 그러나 태풍이 불면 큰 나무는 뿌리 채 뽑히나 풀은 아무렇지 않습니다. 바람은 형체가 없어도 집과 나무를 쓰러뜨릴 수 있고, 물은 유연하지만 능히 산이나 언덕을 잠기게 하는 힘이 있습니다. 진정으로 연약한 것이 강한 것입니다.

예수께서는 연약한 분이었습니다. 이사야 선지자는 장차 오실 메시야 예수님에 대하여 증거 하기를, "그는 주 앞에서 자라나기를 연한 순 같고 마른 땅에서 나온 뿌리 같아서 고운 모양도 없고 풍채도 없은즉 우리가 보기에 흠모할만한 아름다운 것이 없도다"(사 53:2)라고 기록하고 있습니다.

예수님은 연한 순과 같았습니다. 마른 땅에서 나온 줄기같이 힘이 없었습니다. 많은 사람이 따를 만한 고운 모양도 없었습니다. 천하를 호령할만한 풍채도 없었습니다. 대제사장과 총독, 분봉 왕을 압도할만한 달변도 없었습니다.

예수님은 약하셨습니다. 십자가를 지고 가시다가 쓰러져 다른 사람이 십자가를 지고 갔습니다. 그리고 십자가에서 몇 마디의 소리를 지르고 돌아가셨습니다. 그런데 약한 예수님을 보고 사람들은 두려워했습니다. 예수님이 십자가에서 운명하실 때 일을 보면 지키는 자들이 두려워했습니다. 백부장은 예수님의 죽음을 보고 "이는 진실로 하나님의 아들이었도다"(마 27:54)라고 고백했습니다.

예수님의 약함은 곧 강함이었습니다. 바울도 약한 사람이었습니다. 그는 몸의 가시를 위해 기도하다가 "내 은혜가 네게 족하도다 이는 내 능력이 약한 데서 온전하여짐이라"(고후 12:9)

는 주님의 말씀을 듣고 크게 기뻐하며 "내가 약한 그때에 강함이라"(고후 12:10)고 자신의 약함을 자랑했습니다.

우리가 약함으로 더욱 하나님을 의지할 수 있다면 그 약함은 도리어 강함이 될 수 있습니다.

Part 2
자연의 선물

흙(土)

물(水)

햇볕

숲(森)

채소와 열매

흙(土)

산업화 시대를 지나 정보화 시대를 사는 현대인들의 삶은 흙과 상관없이, 그래서 흙에 대한 별 생각 없이 살아가고 있습니다. 그런데 성경은 인간과 흙을 불가분의 관계로 설명하고 있습니다. 인간 창조에 대하여 "여호와 하나님이 흙으로 사람을 지으시고 생기를 그 코에 불어 넣으시니 사람이 생령이 되니라"(창 2:7)고 말씀하고 있습니다.

인간은 양면성을 가지고 있습니다. 하나님과 교통할 수 있는 영적인 존재이면서 동시에 흙으로 만들어진 육체적인 존재입니다. 성경에서 인간을 질그릇으로 표현하는 것은 흙에서 지음을 받았기 때문입니다(롬 9:21; 벧전 3:7).

또한 성경은 인간을 가리켜 "너는 흙이니 흙으로 돌아갈 것이니라"(창 3:19)고 말씀하고 있습니다. 인간은 흙에서 나서 결국 흙으로 돌아갑니다. 일찍이 그리스 철학자 크세노파네스도

"만물은 흙에서 나서 흙으로 돌아간다"라고 했습니다.

옛 노인들은 망팔(望八)이 되면 넋두리 삼아 "흙냄새가 고소하게 느껴지니 어서 저 흙으로 돌아가련다"라고 독백했습니다. 인간을 비롯해서 다른 피조물들도 흙으로 지음을 받았기 때문에 결국에는 모두 흙으로 돌아갑니다.

창세기 3장 23절을 보면, "여호와 하나님이 에덴동산에서 그를 내보내어 그의 근원이 된 땅을 갈게 하시니라"고 말씀하고 있습니다. 땅, 즉 흙은 우리 인간의 근원입니다. 우리 인간은 흙을 밟으며 자연 속에서 땀 흘리며 살아야 자연스럽습니다.

흙을 아는 것은 나 자신을 아는 일이기도 합니다. 흙에 대한 인식이 필요합니다. 흙과 만물, 그리고 우리 인간의 삶은 너무나도 밀접하게 연관되어 있어서 흙을 떠난 삶은 생각할 수가 없습니다.

만물의 어머니

흙은 생명 존재의 근원입니다. 아무리 혹독한 추위가 있어도 봄이 되면 흙은 어김없이 새 생명을 내보내 줍니다. 흙은 철따라 오곡백과가 자라나게 하며 우리에게 귀한 열매와 씨앗을 제공합니다. 전도서 5장 9절을 보면, "땅의 소산물은 모든 사람을 위하여 있나니 왕도 밭의 소산을 받느니라"고 말씀하고 있습니다. 인간은 누구나 땅의 소산물로 살고 있습니다.

우리가 먹고 사는 모든 음식물의 출처를 생각해 보십시오. 모두 다 흙에서 나오고 있습니다. 육 고기도 따지고 보면 결국은 흙에 근원을 두고 있습니다. 햇볕이 있고, 바람이 있고, 물이 있어도 흙이 없으면 식물은 살 수 없습니다. 식물이 살 수 없으면 자연히 동물도 살 수 없게 되는 것입니다.

또한 흙은 살아 숨 쉬는 커다란 생명체입니다. 모든 나무와 풀들이 성장하는 터전입니다. 흙은 만물을 잉태하여 생육하게 하는, 만물의 어머니입니다. 인간은 어머니의 품과 같은 흙속에서 살아가야 합니다.

농업을 위주로 살았던 옛날 우리 조상들은 흙에서 나서 흙과 더불어 살고 흙으로 돌아가는 인생을 살았습니다. 어린 시절 농촌에서 자랐고, 학창 시절 『상록수』의 주인공처럼 농촌 계몽 지도자의 꿈을 꿨던 시절의 필자로서는 흙에 대한 추억을 간직하며 살아가고 있습니다.

과거에는 너나없이 흙에서 살았습니다. 그러나 지금은 흙을 밟기도 어렵습니다. 도로는 포장되고 개울은 시멘트로 덮여 있습니다. 주말농장을 통해 자녀들에게 흙의 존재와 가치를 심어 주려는 지혜로운 부모들도 있기는 하지만 도시 속에서 살아가는 대부분의 젊은이들은 흙의 가치를 인식하지 못합니다.

어떻게 흙에 대한 중요성을 설명할 수 있을까 생각해 봅니다. 오늘의 시대를 가리켜 감성의 시대라고 하는데, 그렇다면 흙에 대한 수천가지 정보를 제시하는 것보다 흙을 주제로 한 이야기, 가령 펄 벅 여사의 『대지』와 같은 소설이 흙에 대하여 뭔가를 느끼게 하는데 더 효과적이지 않을까 싶습니다.

「바람과 함께 사라지다」에서 스칼렛은 부유한 농장을 소유한 집안의 자녀로서 전쟁이라는 끔찍한 경험을 하기 전에는 고향 땅의 소중함을 인식하지 못했습니다. 전쟁으로 고향이 적군에 의해 짓밟히고, 모든 양식이 떨어져 모두가 굶어 죽을 상황에서 비로소 땅을 다시 일어설 수 있는 터전으로 인식하게 됩니다.

그러나 『대지』에서의 농부 왕룽은 애초부터 흙이 전부라고 생각하고, 모든 삶의 터전은 여기서 시작된다고 믿고 있었습니다. 펄 벅 여사는 광활한 중국 대륙의 신비를 흙으로 이해했던 것 같습니다. 인간은 태어나고 죽어가지만, 또 문화는 흥망을 거듭하지만 흙은 영원히 존재합니다.

2014년 인터넷 수능 A 01-03 문항에서 문정희 님의 '흙'이라는 제목의 시(詩)가 문제로 출제된 바 있습니다. 그 시는 '흙'이 지니고 있는 모성(母性)을 예찬한 시입니다.

시의 내용을 살펴보면 이렇습니다.

흙이 가진 것 중에
제일 부러운 것은 그의 이름이다
흙 흙 흙 하고 그를 불러보라
심장 저 깊은 곳으로부터
눈물 냄새가 차오르고
이내 두 눈이 젖어온다

흙은 생명의 태반이며
또한 귀의처인 것을 나는 모른다
다만 그를 사랑한 도공이 밤낮으로
그를 주물러서 달덩이를 낳는 것을 본 일이 있다
또한 그의 가슴에 한줌의 씨앗을 뿌리면
철 되어 한 가마의 곡식이 돌아오는 것도 보았다
흙의 일이므로
농부는 그것을 기적이라 부르지 않고
겸허하게 농사라고 불렀다

- 이하 생략 -

죽어가는 흙

흙은 생명의 터전입니다. 흙은 죽은, 활력이 없는 물질이 아니라 그 자체로 살아 있으며 활동하고 있습니다. 거기에는 세균, 방선균, 곰팡이, 효모, 원생동물, 조류 등 많은 미생물이 가득 차 있습니다. 동물적인 생명을 의미하는 원생동물을 제외하고는 모두가 현미경적 생물입니다. 이들 하등 식물과 동물은 토양의 생물학적 생명이라고 불리고 있습니다.

이 토양의 주인인 미생물은 주로 유기물을 식물로 삼아 지표에서 약 30cm 이내 지역에 집중 서식하고 있습니다. 그래서 토양 1g에는 약 1억의 세균이 살고 있다고 합니다. 미생물이 죽으면 사체는 부패하여 토양을 비옥하게 하는 역할을 합니다.

이들 미생물은 식물의 음식을 만드는 역할도 하며 식물의 체내에 양분을 넣어주는 작용도 합니다. 그리고 균류와 세균은 유기물을 분해하고 동시에 토양의 구조를 조정하는 매우 가치 있는 기능을 수행하고 있습니다.

옛날 지각(知覺) 있는 어머니들은 뜨거운 물은 땅에 그대로 버리지 않고 꼭 식혀서 버렸습니다. 우리 어머니들이 과학적인 이론을 배워서가 아니라 뜨거운 물을 땅에 버리면 땅속에 있는 벌레들이 죽는 것이 불쌍해서 그런 것이었습니다.

그런데 요즘은 화학 비료와 농약이 땅에 뿌려지면서 우리 생명의 터전인 땅이 죽어가고 있습니다. 고추가 빨갛게 익어갈 무렵이면 병이 생기고 해충이 덤벼듭니다. 그러면 농약을 뿌려야 합니다. 벼가 익어갈 무렵 장마나 태풍이 지나가면 벼루가 극성을 부립니다. 그러면 또 농약을 뿌려야 합니다.

농약이 우리 몸에 얼마나 해로운지는 길게 설명할 필요가 없습니다. 농약을 뿌려보면 압니다. 이 약 저 약 서너 가지 것을 타서 농약을 뿌리다보면 머리가 떵해지고 헛구역질이 나옵니다. 뙤약볕에서 사람들이 농약을 뿌리다가 쓰러지기도 합니다. 그렇다고 농사를 짓는 사람들에게 농약을 치지 말라고 할 수도 없습니다. 농약을 치지 않으면 농사를 망치기 때문입니다. 사람들은 각종 화학 물질에 찌든 땅에서 생산 된 식물을 먹음으로 자연 치유력이 무너져가고 있습니다.

농사짓는 일은 흔히 잡초와의 전쟁이라고 합니다. 잡초 문제만 해결되면 사실 농사는 그리 어려울 게 없습니다. 농업 생산력의 비약적 증대를 가능하게 한 농법의 핵심은 화학비료와 제초제에 있습니다. 화학비료의 사용과 함께 제초제 사용으로 잡초 문제가 일정 부분 해결되면서 생산력의 증대가 이루어졌습니다.

언뜻 성공한 것처럼 보이는 이 같은 농사법이 어떤 재앙을 불러일으키고 있는지는 지금 우리가 몸으로 확인하고 있습니다. 제초제로 없앤 것은 잡초가 아니라 모든 생명의 근원자리인 땅의 생명력이며 우리 자신의 건강과 생태계의 파괴였던 것입니다.

지금 현대화된 농사법이란 한마디로 '죽임의 농법'입니다. 흙을 살리고 땅의 기운을 북돋우는 것이 아니라 철저히 땅을 짓밟고 빼앗는 것이며 돌보고 가꾸는 것이 아니라 파괴하고 죽이는 것입니다. 흙이 병들고 죽어 가면 사람도 병들고 죽어갑니다. 사람이 건강하려면 흙이 건강해야 합니다.

재산이 있는 사람들은 유기농 식품을 찾으며 자기의 가족과 자신만 공해에서 피해보려 합니다. 아무리 무공해 식품이라고 해도 이미 땅이 오염되어 있기 때문에 오늘날 무공해 식품이나 과일이 있을 수 없습니다. 안심하고 하루 세끼를 먹을 수 있는 근본적인 대책이 필요합니다. 그것은 우리 모두가 나서서 죽어가는 이 땅을 치료하는 것입니다.

"내 이름으로 일컫는 내 백성이 그들의 악한 길에서 떠나 스스로 낮추고 기도하여 내 얼굴을 찾으면 내가 하늘에서 듣고 그들의 죄를 사하고 그들의 땅을 고칠지라"(대하 7:14).

하나님은 7년마다 한번 씩 땅을 쉬게 해서 지력을 회복시키도록 명령하고 있습니다(레 25:4). 이것이 땅에 대한 안식년 규정입니다. 토지는 하나님의 것입니다(레 25:23). 그러므로 하나님의 방법대로 관리해야 합니다. 인삼 농사의 경우 연작이 불가능합니다. 옛날에는 땅을 회복시키기 위해서 2-3년간 묵히며 퇴비를 주고 갈아엎곤 했습니다.

땅을 약 알카리성 건강한 토질로 바꾸려면 퇴비(식물성 거름)를 사용해야 합니다. 과다한 농약 살포와 화학물질인 성장 촉진제, 비료가 남용되어서는 땅을 살릴 수 있는 희망이 없습니다.

성경은 "적은 소득이 공의를 겸하면 많은 소득이 불의를 겸한 것보다 나으니라"(잠 16:8)고 말씀하고 있습니다. 욕심을 버려야 합니다. 양심에 따라, 하나님 앞에서 정직하게 농사를 지어야 합니다. 정직하면 욕망을 조종할 수 있습니다. 욕심만 버리면 땅을 치료할 수 있습니다.

흙의 수호자 잡초

뙤약볕에서 죽어라 김을 매고 돌아서면 다시 그 자리에 무성하게 돋아나고 있을 만큼 잡초의 생명력은 상상을 초월합니다. 그러면 왜 잡초의 생명력은 이렇게 끈질긴 것일까요? 왜 자연은 인간이 그토록 싫어하는데도 멈추지 않고 잡초를 계속 길러내는 것일까요?

『잡초는 토양의 수호자이다』라는 책을 쓴 미국의 조셉 코캐너에 따르면, 해롭고 성가신 것으로만 여기고 있는 돼지풀, 명아주, 쇠비름, 쐐기풀 같은 잡초들이 토양 깊숙한 곳으로부터 미네랄을 끌어다 황폐해진 표토 쪽으로 옮겨다 주는 역할을 한다고 합니다.

그래서 그것들이 얼마나 많은지는 그 토양의 상태를 측정할 수 있는 척도가 되는 것입니다. 즉 잡초들은 인정 많은 이웃처럼 멀리 떨어져 닿지 않는 곳에 있는 영양소들을 농작물 뿌리 쪽으로 끌어다 준다는 것입니다. 그는 자연의 이러한 움직임을 '만물의 공존 법칙'이라고 부르고 있습니다.

잡초가 지구 생태계를 살리고 있는 것입니다. 그렇게 미움을 천대를 받으면서도 강인한 생명력을 가지고 대지를 빈틈없이 채우고 있는 잡초는 지금도 인간에 의해 죽임을 당하고 훼손된 땅을 되살리고 있습니다. 생각해 보면 잡초만큼 고마운 식물도 없습니다.

일본의 가와구치 요시카즈는 『신비한 밭에 서서』라는 책에서 잡초와 함께 짓는 자연농법을 소개하고 있습니다. 그는 이 책에서 땅을 갈지 않고, 비료를 쓰지 않고, 농약과 제초제를 사용하지 않고, 잡초를 적으로 여기지 않고 제거하지 않더라도 벼와 채소가 훌륭히 자라며 열매를 맺는 이야기를 하고 있습니다.

자연 농법은 땅 갈이를 하지 않고, 비료와 농약을 사용하지 않고, 제초를 하지 않는 것을 원칙으로 하고 있습니다. 그의 자연 농법은 자연에 맡기고 인간은 거기에 최소한의 도움만을 주는 농법입니다. 이것은 인간이 머리로 생각해 낸 방법보다 자연이 더 훌륭하고 완전하다는 것을 알아챘을 때 비로소 가능한 일입니다. 그 전에는 자연에 맡기는 것이 불가능합니다. 인위적인 방법이 뛰어나 보이기 때문입니다.

『신비한 밭에 서서』를 우리말로 번역한 최성현 씨는 가와구치 씨의 논밭을 다녀와서 그가 본 신비한 모습을 이렇게 전하고 있습니다.

"그의 농장에서는 맨땅이라고는 손톱만큼도 볼 수 없었습니다. 풀이 작물보다 더 왕성해지면 낫으로 베어 그 자리에 깔아주기 때문에 논밭의 흙이 마치 낙엽이 쌓인 기름진 산의 부엽토와 같았습니다. 풀을 그대로 둔 채 작물을 키우기 때문에 병충해로 골머리를 앓는 일도 없었습니다. 농약 또한 필요 없었습니다. 벌레들이 절로 알아서 지나친 병해충의 피해를 막아주기 때문입니다. 그의 농장에서는 나무와 풀, 벌레, 새 등이 모두 평화롭고 행복했습니다. 여러 가지 종류의 벌레가 우글거렸지만 작물은 건강했고, 작물 사이에는 풀들이 건강하게 자라 아름다운 꽃을 피우고 있었습니다."

그의 농사법은 땅을 살리고 생명을 살리는 농사법이며 자연에 의탁하여 법도에 따라 사는 '도인의 농사'라고 할 수 있을 것 같습니다. 우리나라에서는 그의 자연농법이 불가능하다는 의견이 많다고 합니다.

서로 사는 곳이 다르기 때문에 그의 방법 그대로 할 수는 없을지라도 그의 농사법은 자연이 살고 인간이 사는 길을 보여주고 있기에 깊이 생각해 볼 필요가 있습니다.

흙 속의 치료제 방선균

2010년 필자가 편집을 맡아 발행한 작은 책의 저자 김영준 박사는 『암으로부터의 생존전략』이라는 세미나 자료에서 건강을 위한 방법으로 흙을 가까이 하라고 권하고 있습니다. 바로 방선균 때문입니다. 요즘 과학계에서는 생명력의 원천으로 땅을 주목하고 있다고 합니다. 건강에 유용한 물질을 생산하는 미생물인 방선균(放線菌)이 흙 속에 살고 있기 때문입니다.

방선균은 대를 이어 가는 생명력이 강합니다. 대장균 같은 보통 미생물은 영양분이 부족해지면 금방 죽습니다. 하지만 방선균은 일단 포자를 만들어 자신의 유전자를 담습니다. 포자가 동물의 몸이나 바람에 실려 영양분이 풍부한 땅에 떨어지면 유전자가 다시 활동을 개시합니다. 그러나 이곳저곳을 옮겨 다니기에 다른 미생물과의 생존경쟁도 잦습니다. 이 때문에 방선균은 다른 미생물에 치명적인 물질을 만들어 냅니다. 그 종류가 수천 가지에 이릅니다.

과학자들은 오래전부터 방선균이 내놓는 물질을 항생제나 항암제 성분으로 개발해 왔습니다. 녹차나 콩에 포함된 노화억제 성분인 플라보노이드도 방선균에서 얻을 수 있습니다.

방선균은 증식 속도가 더딥니다. 대장균이 2배로 늘어나는 데 걸리는 시간은 20분, 방선균은 2시간이 훨씬 넘습니다. 따라서 배양하기 까다롭고 유전자 조작도 오래 걸립니다. 하지만 유용물질을 합성하는 과정을 알면 실험실에서 값싸고 빠르게 신약 후보 물질을 생산할 수 있어 과학자들이 연구에 매달리고 있습니다.

국내 흙에서만 사는 방선균에서 유용물질을 찾아내면 고부가 가치의 국산 신약 개발도 가능합니다. 한국생명공학연구원 미생물유전체활용 기술개발사업단의 조사 결과 최근 5년간 국내에서 새로 발견된 방선균은 총 60종입니다.

요즘은 워낙 오염이 심해 어쩌다 손에 흙이 묻으면 무슨 해라도 있을까 싶어 얼른 털어냅니다. 하지만 자연 속의 흙은 우리 건강에 매우 유익합니다. 흙이 본질인 우리 인간은 흙과 함께 살아야 합니다. 흙을 가까이 해야 사람다워지고 건강해 집니다. 깊은 산을 찾아서 부엽토(腐葉土)가 쌓인 길을 걸어보십시오. 그 길은 어느 양탄자보다도 편안하며 자연 그대로의 길입니다.

강릉에서 학교를 다니던 시절, 필자는 대관령 아랫동네 왕산에서 농사를 짓는 친구 부모님의 밭에서 친구들과 일손을 돕느라 산자락에서 부엽토를 채취한 일이 있습니다. 낙엽이 쌓여 만들어지는 부엽토는 50-60cm가 넘는 곳이 대부분입니다. 그 부엽토는 구수한 냄새를 풍깁니다. 그 부엽토를 땅에 뿌리고 씨앗을 심으면 그야말로 유기농법의 최선이 됩니다.

황토의 신비

요즘 사회 전반에 건강에 대한 관심이 높아지면서 의식주 전반에 황토 바람이 거세게 불고 있습니다. 흙과 건강에 대한 인식이 달라지면서 황토 주택이 방송에도 소개되고, 사람들의 관심이 아주 많아졌습니다.

예로부터 "사람은 하늘의 기운과 땅(황토)의 기운을 받아서 산다"라고 했습니다. 우리네 조상들은 황토를 단순한 흙으로 생각하지 않고 주거생활과 식생활 그리고 건강요법으로 이용했습니다. 그러나 1970년대 이후 주택개량 사업이 추진되면서 황토 주택이 사라지면서 황토 문화도 사라졌습니다.

사실 골조를 목재로, 바닥과 지붕과 벽을 황토로 지은 주택이 친환경 주택이었는데 그때는 웰빙이나 친환경에 대한 개념이 없었고, 또 도시화로 인해 아파트 건축이 붐을 이루던 당시로서는 흙집의 퇴출은 불가피했습니다.

류도옥 선생의 『황토의 신비』라는 책을 보면, 그가 황토 도인(黃土道人)이라고 불릴 만큼 황토에 대한 사랑과 열정을 보여주며 광범위한 자료를 제공하고 있습니다. 그의 글을 읽다보면 황토 속에서 살던 어린 시절을 추억하게 됩니다.

정말 필자의 어린 시절에는 구들장을 놓고 그 위에 황토를 바르고 조릿대로 자리를 엮어(지금의 장판) 그 위에서 잠을 잤으니 지금에 와서 생각해보면 완전 웰빙이 아닐 수 없다는 생각을 해봅니다.

그의 말대로 황토는 가옥의 자료로서 가장 중요하게 쓰였습니다. 그 다음으로 식기나 가구로 생활의 도구가 되었습니다. 그뿐 아니라 황토는 질병 치료에 탁월성을 보여주기도 했습니다. 특히 여러 가지 독(毒)을 제거해 주는데 황토는 필수적이었습니다.

황토방에서 잠을 자고, 황토부엌에서 끼니를 장만하고, 황토

마당을 가로질러 곡식을 갈무리하는, 황토밭으로 이어지는 생활이 과거 우리 민족의 삶이었습니다. 황토는 우리 생활과 너무 깊이 밀착되어 있어서 그것이 얼마나 귀한 것인지 몰랐습니다.

그러나 동양의 옛 문헌을 보면, 흙의 효능에 대해 언급하고 있습니다. 중국 명나라 시대의 명저 『본초강목』(本草綱目) 토부(土部)를 보면, 흙의 대명사는 황토라고 했고, 61종의 흙 가운데 가장 약성이 강한 흙이 황토라고 했습니다.

본초강목은 물론 우리나라의 『동의보감』(東醫寶鑑)과 『향약집성방』(鄉藥集成方)에서도 황토가 부인병과 소아병에 좋다고 기록되어 있습니다.

한동안 흙에 대한 관심이 사라졌었는데 요즘에 와서 다시 황토의 가치가 재조명되고 있습니다. 황토에는 탄산칼슘이 많이 함유되어 있으며 다양한 광물질로 구성되어 있다고 합니다. 황토 한 스푼에 약 2억 마리의 미생물이 들어있어 흔히 황토를 일컬어 '살아 있는 생명체'라고 합니다. 이처럼 황토가 살아 있는 생명체라는 사실은 그만큼 인간에게 큰 영향을 미치고 있음을 증명하는 것입니다.

우리 인간의 몸 상태를 가장 자연스럽게 다스려 주는 것이 황토집입니다. 그래서 황토 주택에서 사는 사람들은 "깊은 잠을 잘 수 있고 아침에 일어나면 몸이 개운하다"라고 말합니다.

습도 조절 능력이 우수하기 때문입니다. 황토는 외부가 습하면 수분을 흡수했다가 외부가 건조해지면 수분을 방출하는 특성이 있습니다.

인체에 유해한 시멘트와 온갖 화학 재료로 지어져 아토피 등 피부염을 일으키고 건강을 위협하는 도시의 집들을 생각하면 통나무와 황토 등 자연의 재료를 그대로 사용한, 옛 정취가 물씬 풍기는 그런 주택들은 정말 특별하게 느껴질 수밖에 없습니다. 요즘 전원생활을 하는 사람들은 필수적으로 황토 방을 만드는 것을 봅니다.

으뜸가는 교과서

보잘 것 없어 보이는 흙이지만 그 속에 삶의 길이 있고, 신앙인을 향한 삶의 메시지가 있습니다. 그러기에 기울어져 가던 덴마크를 재생시킨 지도자 그룬투비 목사는 덴마크 국민들을 향해 이렇게 외쳤습니다. "첫째로, 하나님을 사랑합시다. 둘째로, 나라를 사랑합시다. 셋째로 흙을 사랑합시다."

영국의 신학자 제임스 파커는 "흙은 우리의 으뜸가는 교과서이다"라는 말을 했습니다. 으뜸간다는 것은 그 어느 것보다 많은 교훈을 준다는 것입니다. 흙의 존재를 생각해 보면 어렵지 않게 삶의 교훈을 얻을 수 있습니다.

무엇보다 먼저 무한히 주고 또 주는 흙의 속성에서 이타적인 삶의 논리를 배울 수 있습니다. 흙은 자체를 위해 존재 한다기보다는 순전히 남을 위한 존재로서 가치를 지니고 있습니다.

흙은 전적으로 우리를 섬기고 있습니다. 흙의 섬김을 받은 우리도 섬김의 삶을 살아야 마땅합니다. 흙의 섬기는 속성은 예수님의 삶 속에서 볼 수 있습니다. 예수님은 자신이 이 땅에 오신 목적에 대해서 말씀하시기를 "인자가 온 것은 섬김을 받으려 함이 아니라 도리어 섬기려 하고 자기 목숨을 많은 사람의 대속물로 주려 함이니라"(막 10:45)고 하셨습니다.

예수님은 우리에게 모든 것을 다 주셨습니다. 자신의 모든 것을 다 바쳐서 사람들을 섬기고 봉사하셨습니다. 예수님은 철 저히 남을 위한 존재로 사셨습니다. 예수님을 닮아야 하는 우리들은 흙처럼 주는 삶을 살아야 합니다.

우주와 자연에는 인과(因果)의 법칙이 작용합니다. 원인이 있으면 반드시 결과가 있습니다. 이 인과의 법칙을 가장 확실하게 보여주는 것이 흙입니다. 흙은 언제든지 심은 대로 싹이 나게 하고 자라게 합니다. 콩을 심으면 콩을 거두게 하고 팥을 심으면 팥을 거두게 합니다. 흙은 사기를 치거나 거짓말을 하거나 바꿔치기를 하는 법이 없습니다.

성경은 "사람이 무엇으로 심든지 그대로 거두리라"(갈 6:7)고 말씀하고 있습니다. 요즘 사람들은 불로소득의 심리적 노예가 되어 있습니다. 정직하게 땀 흘려서 얻으려 하지 않고 일확천금을 노리는 사람들이 너무나도 많습니다. 그러나 흙은 어느 누구의 거칠고 난폭한 욕망에도 응하지 않습니다. 흙은 심은 만큼 우리에게 되돌려 줍니다.

오늘날 사람들은 흙에 대해서 너무도 무심합니다. 흙을 함부로 합니다. 흙을 마구 오염시키고 있습니다. 흙은 정직합니다. 그렇기 때문에 우리가 흙을 오염시키면 흙은 그대로 우리에게 되돌려 줍니다. 또한 흙을 거름지게 하면 흙은 우리에게 풍성하게 되돌려 줍니다. 뿐만 아니라 흙 속에 묻어 두었던 것은 파헤치면 그대로 드러나는, 즉 정직과 진실을 보여주는 것이 땅이요 흙입니다.

진실하신 예수님은 정직하고 진실한 자를 좋아하십니다. 예수님은 나다나엘이 자기에게 오는 것을 보시고 그를 가리켜 말씀하시기를 "보라 이는 참으로 이스라엘 사람이라 그 속에 간사한 것이 없도다"(요 1:47)라고 하셨습니다.

하지만 오늘날은 정직한 사람을 바보 취급합니다. 많은 사람들이 자기에게 이익이 되고 돈이 생긴다면 얼마든지 거짓말을 합니다. 아무리 세상이 그렇다 할지라도 신앙인은 정직하게 살아야 합니다. 내가 남보다 더 많은 것을 누리면 그것은 자기 것이 아니 다른 사람의 것이라는 겁니다. 그래서 나누고 베푸는 삶을 살아야 한다는 것입니다. 내게 약간 불리하고, 가난해진다 할지라도 정직하게 살아야 합니다.

미국의 역대 대통령 중에서 국민들에게 가장 존경을 받는 대통령은 제16대 대통령인 아브라함 링컨입니다. 그는 젊었을 때 '정직한 아브라함'으로 불리었습니다.

그는 켄터키의 쓸쓸한 벌판 오두막집에서 태어나 학교도 변변히 다니지 못한 농사꾼이었습니다. 그러나 그는 어려서부터 하나님을 알고 성경 말씀을 늘 읽어 하나님과 사람 앞에 정직해야 한다는 것을 알았습니다. 정직한 아브라함은 아무리 작은 일이라도 거짓말을 하거나 남을 속이는 일이 없었습니다.

어느 때 잘못해서 서스름돈을 더 받자 그것을 돌려주기 위해 먼 곳까지 달려가기도 했습니다. 저울질을 하다가 잘못 달아준 것을 깨닫고 그만큼의 것을 가지고 밤길을 걸어 손님 집까지 갖다 주기도 했습니다.

아브라함은 정직했기 때문에 손해를 보는 일이 많았습니다. 그러나 그가 손해만 본 것은 아니었습니다. 그 정직 때문에 사람들에게 신임을 얻어 미국 제16대 대통령의 자리에까지 앉게 되었던 것입니다.

영국의 문호 셰익스피어는 "정직한 것만큼 풍부한 유산은 없다"라고 했고, 영국 격언에는 "하나님은 정직한 사람의 마음에 계신다"라는 말이 있습니다. 정직은 가장 큰 재산입니다.

밟으면 밟히는 것이 흙입니다. 흙은 사람에게 밟히고 또 짐승들에게도 밟힙니다. 사람들이 침을 뱉고 짐승들이 배설을 합니다. 그럼에도 불구하고 흙은 아무 말이 없습니다. 다 받아 줍니다.

예수님은 하나님의 아들이셨지만 사람들에게 능욕을 당하고 침 뱉음을 받고 채찍을 당했습니다. 그리고 십자가에서 죽으셨습니다. 더 이상 내려갈 곳이 없는 비참한 지경에까지 내려 가셨습니다.

그러나 예수님은 아무런 항변의 말을 하지 않았습니다. 오히려 자기를 십자가에 못 박은 자들을 향하여 "아버지 저들을 사하여 주옵소서 자기들이 하는 것을 알지 못함이니이다"(눅 23:34)라고 기도하셨습니다.

길바닥에 떨어진 씨앗은 싹을 내지 못합니다. 어쩌다 싹을 낸다고 해도 얼마 못돼서 죽어버리고 맙니다. 그러나 흙 속에 떨어져 묻힌 씨앗은 싹을 내고 흙 속에 뿌리를 내리고 자라나 30배, 60배, 100배의 열매를 맺게 됩니다.

흙에 덮이게 되면 생명의 역사가 일어나고 변화되는 역사가 일어납니다. 온갖 더러운 배설물들도 흙 속에 묻히게 되면 좋은 거름이 됩니다. 흙의 덮어주는 성격과 그로 말미암아 비롯되는 생명의 역사를 통해 우리는 사랑의 원리를 터득할 수 있습니다.

사랑의 위대한 특성 중의 하나는 허물을 가리고 죄를 덮는 것입니다. 예수님은 부활하신 후 예수님을 모른다고 부인하고 맹세하고 저주하기까지 한 베드로의 죄를 드러내서 책망하시지 않았습니다. 다만 "네가 나를 사랑하느냐?"라고만 물으시고 그에게 다시금 목자의 사명을 부여하셨습니다.

베드로는 주님께로부터 덮어주는 사랑을 경험했습니다. 그래서 사도 베드로는 그의 편지에서 "무엇보다도 뜨겁게 서로 사랑할지니 사랑은 허다한 죄를 덮느니라"(벧전 4:8)고 말씀하고 있습니다. 사랑하면 용서하고 덮어주는 일은 그렇게 어렵지 않습니다.

물(水)

서양 철학의 시조, 또는 아버지라고 불리는 탈레스는 만물의 근원을 물이라고 보았습니다. 기원 전 6세기의 탈레스는 이 세계의 여러 현상을 만들어 낸 원래의 것이자 근거가 되는 것을 물이라고 생각했습니다.

지중해에 물이 출렁이고, 하늘에서는 비가 내리고, 물로 인해 만물이 생명을 유지하며, 사람의 몸에도 물과 피로 가득 차 있으니 그렇게 생각할 만도 합니다.

물의 존재는 실로 귀중합니다. 바다의 많은 물이 하늘에 올라 구름이 되고 비가 되어 더러는 공기를 씻어주고 떨어지는 빗방울은 시내가 되고 강이 되어 땅 위를 깨끗이 소제하여 짠 바다에 다시 들어가 짠 물에 더러운 것들을 소독합니다.

물은 증발, 응결, 강수의 3단계를 거쳐서 순환하고 있습니다. 강으로부터 매일 수백만 톤의 물이 태양열에 의해 증발합니다.

또 나무 한 그루가 1년간 증발시키는 수증기의 양은 4,000-5,000 갤런에 달한다고 합니다. 이로 인해 만들어진 대기 수증기가 응결해 구름이 되고, 이 구름의 입자들이 충돌해 물방울이 되면 지상으로 비가 내리게 됩니다.

물이 이렇게 공중과 땅을 순회하는 가운데 풀이 자라고 곡식이 자라며 나무는 열매를 맺습니다. 물은 지구상의 71%를 차지하고 있습니다. 사실 물이 없으면 이 땅에 생명도 없습니다. 이 물로 말미암아 우리는 삶을 얻고 또 즐겁게 사는 것입니다.

특히 이스라엘은 늦은 비와 이른 비의 축복의 은혜를 받는 대표적 민족입니다.

물 박사와의 만남

세계 유수의 대학과 연구소에서 교수로 활동하고 있는 주기환 박사는 물 박사로 통합니다. 일본 NEC재단 연구자상과 독일 Leica 과학자 연구자 상을 수상한 그는 다니는 곳마다 '물 마시기 운동'을 전개하고 있습니다. 평신도 선교사이기도 한 그는 아프리카와 같은 선교지에는 병원을 짓는 것보다 우물을 파주는 것이 더 낫다고 말합니다.

친구 목사가 운영하는 사랑이 있는 마을을 방문한 그는 이곳의 물을 조사한 후 최고 수준의 물이며 시판되고 있는 어떤 물보다 좋은 물이라고 극찬을 했습니다. 그리고 환우들에게 치유와 회복을 위하여 물의 중요성을 역설하고 물 마시는 일을 적극 권장했습니다.

주기환 박사와의 만남은 새로운 사명을 깨닫게 해준 복된 만남이었습니다. 그는 저서 『알고 마시는 물』에서 우리가 왜 좋은 물을 골라 마셔야 하는지, 왜 물을 많이 마셔야 하는지, 물이 우리 건강에 어떤 영향을 미치는지 잘 알려주고 있습니다.

레위기 17장 11절을 보면, "육체의 생명은 피에 있음이라"고 말씀하고 있습니다. 성경은 피를 생명이라고 말합니다. 주기환 박사는 이에 근거하여 "인간의 생명은 피에 있다는 말이나 인간의 생명이 물에 있다는 말이나 별 차이가 없다 그것은 혈액의 94%가 물로 되어 있기 때문이다"라고 말하고 있습니다.

우리 인간은 성인의 경우 체중의 약 70%가 물로 구성되어 있습니다. 체중 70kg의 사람이라면 49kg의 물을, 60kg의 사람이라면 42kg의 물을 몸에 싣고 다니는 셈입니다. 뇌와 뼈, 몇 가지 장기를 빼고 나면 그야말로 '걸어 다니는 물통'인 셈입니다.

몸 안에 노폐물이 쌓이면 면역 결핍증이 오는데, 물(혈액)이 그 노폐물을 처리하는 역할을 합니다. 우리는 여기서 물의 중요성을 깨달아야 합니다. 물이 부족하기 때문에 병이 오는 것입니다. 좋은 물을 마시면 만성적인 성인 질환들이 치료된다는 것입니다.

우리의 건강은 여러 가지 요소에 의존하고 있지만 물보다 더 중요한 요소는 아무 것도 없습니다. 그러나 물이라고 다 유익한 것은 아닙니다. 좋은 물을 골라 마셔야 합니다.

그러면 어떤 물이 좋은 물일까요? 좋은 물은 미생물이나 화학물질에 오염되지 않은 맑은 물, 미네랄이 풍부한 물, 약 알카리성의 물, 끓이지 않은 물입니다. 또 수돗물이나 정수기물보다는 시중에서 파는 자연 그대로의 살아있는 물, 생수가 좋은 물입니다.

상식적으로 누구나 물이 중요하다는 사실은 알고 있습니다. 하루 2리터 이상의 신선한 물을 마시면 건강하게 살 수 있습니다. 하지만 대부분의 사람들이 잘 실천하지 않습니다. 기본일수록 사람들에게 그 중요성을 인식시켜 실행에 옮기는 일이 쉽지 않습니다. 기본이 중요하지만 기본을 하찮은 일로 여기기 때문입니다.

감사하게도 주기환 박사의 강의를 통해서 물 마시는 일이 얼마나 중요한지를 깨닫게 되었습니다.

생명을 유지하는 물의 역할

"물을 물로 보지 말라"는 말이 있지만 사실 물을 물로 보지 말아야 하는 여러 가지 이유가 있습니다. 음식을 먹지 않고도 2-3주간을 견딜 수 있지만, 물을 섭취하지 않고는 100시간도 견딜 수 없으며, 탈수가 5퍼센트만 되어도 혼수상태에 빠집니다.

매일 마신 물은 입, 위, 간장, 심장, 혈액, 세포, 신장을 거쳐 체내에서 순환하면서 영양분을 녹이거나 노폐물을 몸에서 씻어 내는 역할 외에도 인체 내에서 다음과 같은 중요한 역할을 합니다.

첫째, 체내의 모든 공간을 채우며 모든 세포를 연결시키는 역할을 합니다.

둘째, 세포의 형태를 유지하고 혈구를 수송하며 대사 작용을 유지시킵니다.

셋째, 혈액과 조직액과 림프액의 순환을 유지시킵니다.

넷째, 섭취한 모든 영양소를 용해, 흡수, 운반해서 각 세포에 공급합니다.

다섯째, 체내의 불필요한 독성물질 및 노폐물을 체외로 잘 배설시킵니다.

여섯째, 생명 유지에 필수적인 혈액의 산 - 알카리 평형성을 유지시킵니다.

일곱째, 체온을 일정하도록 조절합니다.

여덟째, 단백질(아미노산, 효소, 호르몬, 항체)을 품고 있으며, 유전자 DNA의 손상을 방지하고 회복시킵니다.

아홉째, 폐 속에 산소를 집약하고 적혈구가 산소를 품을 수 있는 능력을 증가시킵니다.

열째, 척추 디스크나 관절에서 충격을 흡수하는 완충제와 윤활유로 활동합니다.

열한째, 뇌의 활동 기능에 있어서 전기적인 에너지를 활성화시킵니다.

열두째, 세로토닌과 멜라토닌과 같은 호르몬의 생산에 관여하면서 수면 리듬을 회복시킵니다.

열셋째, 노화를 방지하고 눈을 맑게 합니다.

열넷째, 골수 내의 혈액생산 시스템을 정상화시켜 각종 감염과 암세포에 대항할 수 있는 면역 시스템의 효능을 높입니다.

인체의 생명은 물의 공급 없이는 유지가 불가능합니다. 생명의 원천인 혈액의 92-94%가 물인 점을 생각해 볼 때 물이 생명 유지에 얼마나 중요한 가를 알 수 있습니다. 한마디로 인체의 모든 세포 안과 밖은 가득 차 있는 미세한 물주머니가 서로 연결되어 있다고 생각하면 됩니다.

물 마시는 습관 기르기

탈수는 한마디로 '만병의 근원'이라고 할 수 있으며, 반대로 좋은 물을 마시는 것은 만병을 개선할 수 있는 지름길이기도 합니다. 목이 마르다는 것을 느낄 때 한 번에 많은 양의 물을 마시는 것이 아니라 시간을 정해놓고 조금씩 지속적으로 물을 마시는 것이 가장 좋습니다.

아무리 좋은 음식을 많이 먹어도 물이 없으면 영양소 흡수와 운반과 배설이 안 되며, 아무리 좋은 보약을 먹어도 물이 없으면 약효를 제대로 발휘할 수 없습니다.

하루에 필요한 물의 양은 자신의 체중(kg)에 33cc를 곱한 양입니다. 이 정도의 물을 매일 섭취하는 습관을 기르는 것은 간단한 일이 아니지만, 물이 우리 몸에 대하여 작용하는 큰 역할을 생각한다면 노력해야 할 필요가 있습니다.

화장실에 자주 왔다 갔다 하는 것이 귀찮아서 물을 안 마시려는 사람도 있습니다. 세포가 물을 제대로 흡수하지 못하기 때문입니다. 처음에는 그렇지만 어느 정도 적응이 되면 완화됩니다.

또 비만인 사람들은 '물만 마셔도 살이 찐다'라는 생각 때문에 물을 잘 마시지 않습니다. 그러나 그러한 생각은 잘못된 것입니다. 비만인 사람일수록 정상 체중을 가진 사람들보다 수분을 훨씬 더 많이 섭취해야 합니다.

물이 부족할 때 몸은 우리에게 신호를 보내는데 자주 이 신호는 배고픈 느낌으로 잘못 인식됩니다. 그래서 다음 식사 전에 간식을 먹고 싶은 충동을 느낍니다. 하루에 적어도 8컵(2000cc) 이상의 물을 마시는 습관을 기르면 체중 문제에 좋은 해결책이 될 수 있습니다.

왜냐하면 물은 칼로리가 전혀 없으면서도 마시면 공복감을 줄여 주고 과식을 막아주는 동시에 혈액의 점성을 낮추면서 혈액 속에 있는 노폐물을 체외로 쉽게 배설할 수 있는 역할을 하기 때문입니다.

비만자들에게 있어서 탈수와 과식을 막아주기 위한 물의 음용 방법은 다음과 같습니다. 이 음용법은 정상적인 체중을 가진 사람들에게도 해당합니다.

* 일어나자마자 1컵
* 가벼운 아침 운동 후에 1컵
* 아침 식사 30분 전에 1컵
* 식후 1시간 후에 1컵
* 점심 식사 30분 전에 1컵
* 점심 식사 후 30분 후에 1컵

* 저녁 식사 30분 전에 1컵
* 취침 1시간 전에 1컵

  물론 중간에 걷기 운동이나 조깅을 할 경우에는 최소한 세 컵 이상의 물을 운동 전, 운동 중, 운동 후에 반드시 섭취하여야 합니다. 심한 운동 후에 탈수가 일어나지 않도록 적정량의 식염을 섭취하는 것도 잊지 말아야 합니다. 한국인의 경우 식염이 많은 김치와 된장을 매일 먹기 때문에 평소에는 별도로 식염을 섭취할 필요는 없다고 합니다.
  건강을 위하여 다함께 물 마시기 운동에 동참하여 치유와 회복을 경험할 수 있기를 소망해 봅니다.

부족한 물

  이 세상에 물이 넘쳐나는 것 같아도 먹을 수 있는 담수는 1%에 불과합니다. 이 지구상에 존재하는 인간들과 땅의 생물들은 이 1%의 물에 의존하여 살아가고 있습니다.
  성경을 보면 족장 시대의 팔레스틴에서는 물을 얻기 힘들어 우물을 가지고 싸움을 벌이곤 했습니다. 오늘날도 물 분쟁이 세계 도처에서 일어나고 있습니다.

지난 2000년 케냐에서는 주민들과 원숭이들 간 싸움으로 원숭이 3마리가 죽고, 10명의 주민이 부상하는 웃지 못 할 사건이 벌어졌습니다. 부족한 물을 놓고 벌인 인간과 동물의 이 처절한 싸움은 물 부족의 현주소를 상징적으로 보여주었습니다.

갠지스 강물 사용권을 둘러싼 인도와 방글라데시의 분쟁은 1960년대부터 지금까지 끊이지 않고 있습니다. 이밖에 키르기스스탄 - 카자흐스탄 - 우즈베키스탄, 프랑스 - 벨기에 - 네덜란드도 물 공급을 둘러싸고 크고 작은 분쟁을 벌이고 있습니다. 이와 같은 물 분쟁은 세계 인구의 40%가 인접국의 물에 의존하기 때문에 발생하고 있습니다.

현재 아프리카 11개국과 중동의 9개국 등 전 세계 26개국이 물 부족에 시달리고 있습니다. 과거에 세계 문명을 꽃피웠던 물이 지금은 환경오염과 소비증가, 기상이변으로 극심한 부족 현상이 빚어지면서 물 분쟁을 넘어 전 세계의 물 전쟁을 우려하는 목소리가 높아지고 있습니다.

세계미래회의는 "2050년이면 물 값이 원유가격보다 비싸져 지금부터 10년 내에 물 전쟁이 발발할 가능성이 크다"라고 내다봤습니다. 유엔사무총장을 지낸 반기문 총장은 2010년 2월 스위스 다보스에서 열린 세계 경제포럼에서 "물은 건강과 안전, 경제성장과 인권, 국가 안위를 위협하는 가장 중요한 요소

중 하나가 됐다"라고 밝힌 바 있습니다.

우리나라에서는 어디를 가든지 물을 만날 수 있습니다. 그렇기 때문에 사람들이 물 부족의 심각성을 인식하지 못하지만 우리나라는 1995년에 유엔으로부터 '물 부족 국가'로 분류되었고 얼마 있으면 '물 기근 국가'가 될 것이라고 합니다. 그런데도 많은 사람들이 물을 물 쓰듯 하고 있습니다. 정말 우리는 물을 너무 낭비하고 있습니다. 물 부족으로 고통당하는 사람을 생각해서라도 우리는 물을 아껴 써야 합니다.

영혼의 생수

우리가 마실 수 있는 지구상의 1%의 물마저 공해로 인하여 오염이 되어가고 있습니다. 흐르는 물 뿐만 아니라 지하수까지 오염되고 있습니다. 이제는 어떤 물도 안심하고 마실 수가 없습니다.

날로 오염이 심각해지는 상황에서 우리는 생수의 중요성을 실감하고 있습니다. 살아있는 좋은 물, 생수가 필요합니다. 우리 몸에 물이 부족하면 관절염, 간의 독성화, 혈전과 염증, 신장결석, 폐부종, 심부전을 일으킵니다. 가장 심각한 것은 뇌세포와 신경세포가 손상을 받는 것입니다.

체내에 수분이 1.2% 정도 탈수가 되면 고통을 느끼고, 5% 정도 손실되면 혼수상태에 빠집니다. 그리고 약 10% 이상 탈수가 되면 생명에 심각한 위험을 줍니다.

우리 영혼도 마찬가지입니다. 우리 영혼에 신령한 물이 공급되지 않으면 마음이 말라비틀어지면서 여러 가지 현상들이 나타납니다. 툭하면 화를 냅니다. 근심 걱정에 편할 날이 없습니다. 죄와 두려움에 떨게 됩니다. 하나님은 우리가 이렇게 사는 것을 원하지 않습니다. 하나님은 우리의 영혼에 활기를 불어넣을 수 있는 생수를 공급해 주시기 원하십니다.

목이 마르면 어떻게 합니까? 꿀꺽꿀꺽 물을 들이킵니다. 영혼의 갈증도 그렇게 해결해야 합니다. 잔뜩 들이켜서 마음에 흘러넘치게 해야 합니다. 그러면 어디서, 어떻게 우리 영혼에 **활력을 공급하는 생수를** 얻을 수 있을까요?

홍수가 나면 물은 넘치지만 정작 마실 물이 없게 됩니다. 오늘날 온갖 이단들이 종교라는 딱지가 붙은 물병을 주며, 이단 교주들은 자기에게로 와서 생수를 마시라고 유혹하고 있지만 그 물은 생명을 주는 물이 아니라 영혼을 병들게 하고 파괴하는 물입니다.

우리는 좋은 물을 마셔야 합니다. 우리 영혼의 목마름을 해결해 주는 하나님의 생수를 찾아서 마셔야 합니다. 그러면 하나님의 생수는 무엇일까요? 성경은 하나님의 말씀을 우리를 거듭나게 하는 물(요 3:5), 거룩하게 하는 물(엡 5:26)이라고 했습니다. 성경은 영원히 마르지 않는 영혼의 우물입니다. 우리는 그 우물에서 생수를 길어 올려야 합니다.

예수님은 사마리아 여인에게 자신을 가리켜 생수라고 했습니다(요 4:17). 우리는 목마를 때 사마리아 여인처럼 세상 것으로 영혼의 목마름을 채우려 하지 말고 예수님 앞으로 나와야 합니다. 세상의 부귀영화, 명예, 권세, 쾌락은 잠시 갈급함을 진정시켜 주지만 만족을 주지는 못합니다.

뭔가 열심히 활동하면 어느 정도 갈증은 감출 수 있겠지만 갈급함을 잠재울 수 없습니다. 다시 목말라집니다. 갈급함을 해결할 수 있는 유일한 해결책은 생수이신 예수님이십니다.

물을 한 컵 들이마시는 것으로 갈증을 달래지 못합니다. 정기적으로 생수를 마셔야 갈증을 해소할 수 있는 것과 마찬가지로 우리는 지속적으로 예수님과 동행해야 합니다. 그럴 때 우리의 목마른 영혼은 만족을 얻을 수 있습니다.

누구든지 목마르거든

지금은 우리가 편리하게 수돗물을 마음껏 사용할 수 있지만 과거에는 상수도 시설이 되어 있지 않아서 마을 우물을 이용하거나 펌프로 지하수를 끌어올려 식수로 사용했습니다.

그런데 지하에 있는 물을 끌어올리기 위해서는 한 바가지의 물이 필요했습니다. 한 바가지의 물을 펌프에 붓고 열심히 펌프질하면 그 압력에 의해 지하에 있던 물이 솟아 올라와 콸콸 쏟아져 나옵니다.

이때 물을 끌어올리기 위해 붓는 물을 마중물이라고 부릅니다. 저 밑바닥 샘물을 마중 나가서 데려온다 하여 마중물이라고 불렀습니다. 영어에서도 이 물은 '물을 부르는 물'(calling water)이라고 부릅니다. 나이 오십을 넘긴 사람이라면 이 마중물에 대한 추억이 있을 것입니다.

마중물은 단 한 바가지 정도의 적은 양의 물이지만 땅속 깊은 곳에 있는 샘물을 불러오는 힘을 가지고 있습니다. 마중물은 땅속 깊은 곳에 잠자고 있던 물을 올려놓고 자신은 사라지고 맙니다. 하지만 마중물은 버려지는 물이 아닙니다. 사라지는 것처럼 보이지만 그 마중물로 인하여 많은 사람들이 목마름을 해결 받고 생명을 유지합니다.

예수님이 마중물과 같은 삶을 사셨습니다. 예수님은 사망의 무저갱까지 내려가심으로써 우리에게 목마르지 않은 영원한 생수를 마시게 하셨습니다. 예수님 자신이 한 바가지의 마중물이 되어 그를 믿는 모든 자들로 생수를 마시게 한 것입니다.

요한복음 7장 37-38절을 보면, 예수님은 "누구든지 목마르거든 내게로 와서 마시라 나를 믿는 자는 성경에 이름과 같이 그 배에서 생수의 강이 흘러나오리라"고 말씀하셨습니다. 이는 성도된 우리들이 받을 성령을 가리켜서 말씀하신 것입니다. 예수님의 비유의 말씀은 물이 귀했던 당시 사람들이 들을 때 피부로 느낄 수 있는 것이었습니다.

물은 생명의 대명사입니다. 예수님이 스스로를 생수의 강이라고 표현한 것은 가장 적절한 표현입니다. 초대 교회 신학자인 터툴리안은 이렇게 신앙생활을 설명하였습니다. "우리는 물고기와 같다. 물고기는 언제나 물속에 있어야 살 수 있으며 활동도 가능하다. 예수 그리스도는 물이다. 그 안에 생명이 있다."

성령은 심령의 목을 타고 내려가면서 두려움을 몰아내고 슬픔을 씻어주며 우리 영혼의 모든 필요를 채워 줍니다. 우리가 물을 마시고 그 물의 방향을 지시하지 않아도 물이 알아서 몸의 필요를 채워주는 것처럼 예수님은 우리 각 사람의 어디에 하나님의 생수가 필요한지를 아시고 구석구석 우리의 심령을 적셔주는 것입니다.

예수님은 '누구든지'(anyone)라고 말씀하고 있습니다. 주저하지 마십시오. 목마른 자는 누구든지 예수님 앞에 나갈 수 있

는 자격이 있습니다. 예수님 앞에 나가는 자는 예수님을 영혼
의 생수로 삼아 마음껏 들이킴으로써 영혼의 목마름을 해소할
수 있습니다.

햇볕

매일 아침 찬란하게 태양이 떠오릅니다. 좋은 하루를 시작하려면 일출을 볼 수 있는 시간에 일어나야 합니다. 어두움이 사라지고 세상이 밝아오는 것을 보는 것만큼 기분을 상쾌하게 하는 일도 없습니다.

태양은 누가 힘들이지 않아도 저절로 떠오르기 때문에 햇볕의 중요성을 아는 사람은 많지 않습니다. 햇볕은 대기와 해류를 이동시키고, 바닷물을 증발시켜서 구름을 만들고, 땅에 비와 눈을 내리게 합니다.

지구상의 모든 생명체는 공기와 물, 그리고 햇볕 없이는 하루도 살아갈 수 없습니다. 사람을 비롯해서 동물, 식물, 심지어는 미생물까지도 햇볕으로 생명을 유지합니다. 한마디로 햇볕은 생명의 근원입니다.

성경은 하나님의 일반은총에 대하여 "그 해를 악인과 선인에게 비추시며"(마 5:45)라고 말씀하고 있습니다. 햇볕은 누구에게나 차별 없이 골고루 배당되는 자연의 선물입니다.

햇볕의 역할

예로부터 사람들은 하루 종일 햇볕을 받을 수 있는 남향집을 선호하고 있습니다. 실제로 살아보면 여름에 시원하고 겨울에 따뜻하기 때문입니다. 자연에서의 건물은 산(북쪽)을 등지고 남쪽의 트인 전경을 바라보는 배산임수(背山臨水) 형으로 배치되어 있고, 바람이 잘 통하여 건강을 위한 최적의 조건들을 모두 갖추고 있는 집을 최고의 집이라고 합니다.

공해 없는 자연에서의 햇볕은 값없이 무한히 주어지는 하나님의 은총입니다. 우리가 햇볕의 소중함과 고마운 마음을 가지고 햇볕을 잘 활용하려면 햇볕의 역할을 알아야 합니다. 햇볕의 주요 역할은 크게 세 가지로 정리할 수 있습니다.

첫째, 모든 에너지의 근원입니다. 모든 식물은 생존과 성장을 위해 태양으로부터 에너지를 공급받습니다. 햇볕을 받아 광합성 작용을 하며 여기에서 포도당을 생산 저장합니다. 이 식물을 기초로 해서 모든 동물이나 사람들이 살아갑니다.

그리고 식물이 썩거나 탈 때는 받았던 에너지를 내어놓습니다. 기름, 석탄, 가스 에너지가 바로 그것입니다. 우리가 사용하는 모든 에너지의 98퍼센트 이상이 태양에서 온 것입니다. 모든 에너지의 근원은 태양입니다.

둘째, 살균과 소독을 합니다. 주부들이 간장, 된장, 고추장의 뚜껑을 자주 열어두는 것은 햇볕을 쬐어 곰팡이가 피지 못하도록 하려는 것입니다. 이불이나 빨래를 햇볕에 말리는 것은 건조뿐 아니라 살균과 소독을 하려는 것입니다.

1877년 다운즈와 블룬트라는 두 과학자가 햇볕이 병균을 죽인다는 사실을 발견하게 되었습니다. 이들 과학자는 여러 시험관의 배양지에 박테리아를 번식시키고 있었는데, 아주 우연히 몇 개의 시험관이 햇볕에 노출되었습니다. 박테리아는 그늘진 시험관에서만 자라고 노출된 시험관에서 자라지 못했습니다. 햇볕은 세균과 곰팡이, 박테리아, 바이러스가 번식하지 못하도록 살균시켜 줍니다.

1903년 덴마크의 물리학자 니엘즈 펜젠은 햇볕으로 결핵을 성공적으로 치료하여 노벨 의학상을 받았습니다. 햇볕이 잘 드는 집에 살면 폐질환에 걸릴 확률이 줄어들게 됩니다. 햇볕은 전염병을 예방하는데 도움이 됩니다.

셋째, 공기를 정화시켜 줍니다. 햇볕은 오염된 공기를 깨끗하게 정화시키는 힘이 있습니다. 탄산가스가 많은 공기는 양이

온으로 조성되어 두통, 피로, 코와 목구멍의 건조, 현기증, 각종 호흡기 질환을 일으키기 쉽습니다. 햇볕은 공기 중의 양이온을 음이온으로 바꾸어 상쾌한 공기를 만들어 줍니다. 햇볕이 잘 드는 집에 살면 짜증, 우울, 피로, 불안이 해소됩니다.

햇볕의 치유력

자연이 본래 가지고 있는 치유력 가운데 우리가 잊고 있는 것 중 하나는 바로 태양빛입니다. 태양이 대지에만 생명의 기운을 불어넣는 것은 아닙니다. 우리 인체의 유기적 활동도 햇볕을 필요로 합니다. 우리는 치료와 건강을 위해 햇볕을 활용해야 합니다.

성경은 하나님의 치료와 사랑을 햇볕으로 비유하고 있습니다. "내 이름을 경외하는 너희에게는 공의로운 해가 떠올라서 치료하는 광선을 비추리니 너희가 나가서 외양간에서 나온 송아지 같이 뛰리라"(말 4:2). 햇볕은 치료하는 광선입니다.

의학의 시조 히포크라테스는 햇볕이 어떤 병을 치료하는데 유용하다는 것을 알았습니다. 그는 이미 2000년 전에 그 햇볕을 사용하는 법을 '일광요법'이라고 불렀습니다. 의학의 발전으로 우리는 수많은 치료약을 갖게 되었습니다. 하지만 일광요법은 여전히 가치 있는 요법으로 활용 되고 있습니다.

태양에서 발사된 광선은 파동성(波動性)을 가지고 1초에 30만km의 속도로 태양과 지구의 거리, 약 1억 5천만km를 약 8분 만에 주파합니다. 빛을 파장(波長)의 긴 순서로 나열할 때 적외선, 가시광선, 자외선, X선 등으로 구분할 수 있습니다.

이 중에 우리 눈에 보이는 광선이 가시광선(可視光線)인데 이 광선으로 인해 우리는 꽃의 아름다움을 볼 수 있습니다. 실제로는 더 많은 색깔이 있지만 편의상 빨주노초파남보 일곱 가지 무지개 색으로 구분하고 있습니다.

적외선(赤外線)은 가시광선 중 파장이 가장 긴 빨간색 밖의 긴 파장으로 이루어진, 열작용이 있는 광선입니다. 적외선은 파장의 길이에 따라 근적외선, 중적외선, 원적외선으로 나눕니다. 이중에서 원적외선이 우리 생활에 가장 유익한 것으로 알려져 있습니다.

자외선(紫外線)은 가시광선의 파장이 가장 짧은 보라색 파장의 바깥쪽에 존재하는, 광전(光電)의 효과를 가진 광선을 말합니다. 햇볕의 살균과 소독은 바로 자외선에 의한 것입니다. 피부노화와 피부암을 일으키는 원인으로 알려진 자외선도 적당한 햇볕을 쬐면 인체에 좋은 작용을 합니다.

하지만 화장품 회사의 과장 홍보 때문인지 몰라도 요즘 사람들은 햇볕 아래 나서기를 꺼려합니다. 특히 여름철 햇볕은 마치 죽음의 광선처럼 여깁니다. 그래서 여름철 내내 햇볕을 피해 에어컨으로 무장된 건물 안에서 웅크리고 사는 사람도 있습니다. 물론 지나친 노출은 문제가 됩니다. 그러나 지나쳐서 병이 되는 것은 햇볕만이 아닙니다.

몇 가지 햇볕의 부작용으로 인해 햇볕이 주는 수많은 유익함을 활용하지 못하고 사는 것은 불행한 일입니다. 야외에서 종일 일하지 않는 한 햇볕으로 인한 피해는 염려할 정도는 아닙니다. 오히려 햇볕이 부족해서 병이 생깁니다.

장마나 태풍으로 비가 계속 내려 며칠이고 햇볕 한 점 비치지 않을 때는 우울하기 짝이 없습니다. 그러다 하늘이 활짝 개어 햇살이 가득하면 마음도 같이 환해집니다. 이런 현상이 단지 기분의 차이일까요? 아닙니다. 해가 뜨면 뇌신경세포에서 세로토닌이 분비되고 해가 지면 멜라토닌이 분비되기 때문입니다.

과학자들은 이들 호르몬이 분비되기 위해서는 호르몬을 생산하는 유전자가 켜졌다가 꺼지는 과정을 반복한다는 사실을 알아냈습니다. 해가 지면 세로토닌 생산 유전자는 꺼지고 멜라토닌 생산 유전자가 켜지며, 해가 뜨면 반대 현상이 일어나는 것입니다.

해가 지면 멜라토닌이 분비돼 저절로 졸음이 오게 됩니다. 지하실이나 어두운 방안에 있으면 졸음이 더 오는 이유도 멜라토닌 분비와 관련이 있습니다. 시차가 다른 나라로 여행할 때 시차적응이 안 되는 것은 바로 이 호르몬 분비체계가 일시적으로 혼란을 겪기 때문입니다.

햇볕을 쬐면 생산되는 세로토닌이라는 호르몬은 마음의 안정을 가져오고, 엔돌핀의 생산을 촉진시키고, 암세포를 죽이는 T-임파구를 강하게 하기도 합니다. 이 호르몬이 부족해도 우울증이 발생합니다. 가을철이나 겨울철에 계절성 우울증 환자가 많아지는 것은 햇볕의 양이 줄어들기 때문입니다. 햇볕은 계절성 우울증에 대한 가장 좋은 치료제입니다.

자연의 빛

햇볕은 최초의, 그러면서도 가장 완벽한 조명이었습니다. 사람들은 불을 사용하기 시작하면서 벽난로의 불빛을 이용했으며, 촛불을 만들었으며, 기름을 이용하여 호롱불을 만들었으며, 백열전등을 만들어 냈습니다. 그 다음으로 형광등과 자외선 등이 등장했으며, 수은등과 나트륨 등이 등장했습니다.

우리는 인위적인 빛을 많이 이용하게 되어 인체에 효능을 미치는 빛의 좋은 성분을 다 갖기 어렵게 되었습니다. 인위적인 빛은 건강에 해로운 영향을 끼칩니다.

현대인들은 아이나 어른 할 것 없이 80-90퍼센트의 시간을 실내에서 지내면서 인공조명에 의존하고 있습니다. 인공조명은 전자 자기장을 방출할 뿐 아니라 거기서 나오는 빛 자체도 우리 몸에 심각한 스트레스를 주고 있습니다.

너무 많은 시간을 TV 시청으로 보내거나 형광등 불빛으로 조금 어두운 교실에 있는 아이들은 지나치게 활동적임이 드러났습니다. 또한 그들은 학업 성적도 좋지 못합니다. 그러나 인체에 유용한 성분이 있는 햇볕을 이용하면 좋은 효과가 있습니다.

일반적으로 빛은 연색성 목록(演色性目錄: CRI)에 의해서 등급이 정해지는데, 대낮의 햇볕은 등급이 100이고, 완전 형광등은 91, 표준 냉각 백색 형광등은 68, 기타 형광등은 56입니다. 그래서 현대 학교의 교실들은 높은 연색성 빛깔의 조명을 사용하여 효과를 거두고 있습니다. 건강을 위해서는 자연의 태양 광선이 필요합니다.

피부의 건강을 위한 일광욕

피부는 몸 밖에서 들어오는 독소나 미생물을 막아내는 1차

방어선입니다. 또 가장 미세하고 정교한 체온 조절 장치입니다. 이 피부에 적당한 양의 햇볕을 쬐면 피부를 훨씬 윤택하고 탄력 있게 해 주며 혈색을 좋게 합니다. 또 질병에 대한 저항력을 강화시켜 줍니다. 피부질환만큼 햇볕에 잘 치료되는 병은 없습니다.

매일 일정량의 햇볕을 받으면 각종 질병을 예방할 수 있고, 이미 증상이 나타난 경우라도 일광욕을 통해 완화시키거나 치료할 수 있습니다. 햇볕 비타민으로 알려진 비타민D의 경우 햇볕에 하루 1-2시간만 노출해도 결핍증을 해결할 수 있습니다.

비타민D 결핍증 외에 결핵, 빈혈, 암, 당뇨병, 고혈압, 심장계 순환기질병, 다발성 경화증, 골다공증, 건선, 구루병 등도 햇볕의 부족에 원인이 있으므로 이 질병들을 치료하려면 일광욕을 해야 합니다. 태양은 우리 인간 삶에서 천연 음식물이나 깨끗한 물과 같습니다.

일 년 내내 흐린 날씨 탓으로 일광을 맛볼 기회가 비교적 적은 유럽 사람들의 경우 햇볕을 건강의 금가루만큼이나 귀하게 여깁니다. 모처럼 날이 화창해지면 하던 일을 멈추고 모두 나와 일광욕을 하면서 햇볕의 고마움을 만끽하는 광경은 우리나라 사람들에게는 다소 충격적입니다. 우리에게는 밝고 갠 날이 많아 햇볕이 너무 흔하기 때문일 것입니다.

짐승들과 달리 우리 몸은 옷으로 꽁꽁 덮여 있습니다. 햇볕 아래 있어도 직접 햇볕에 피부가 닿는 부위는 극히 적습니다. 일광욕이 필요합니다. 일광욕을 제대로 하기 위해서는 지식과 요령이 필요합니다.

첫째, 아침 시간을 활용하십시오. 아침의 햇볕은 특히 치유 효과가 뛰어납니다. 겨울에 일광욕을 즐기고자 할 때 가장 좋은 시간은 오전 10시부터 오후 3시입니다.

둘째, 자주 하십시오. 장시간 하는 한 번의 일광욕보다 짧은 시간 자주하는 일광욕이 더 좋습니다.

셋째, 너무 뜨거운 시간은 피하십시오. 건강하게 일광욕하기에 가장 이상적인 기온은 18도 이하입니다.

넷째, 적당히 하십시오. 피부에 부작용이 생기지 않을 정도로 해야 합니다. 하루 20분, 주 2-3회 정도면 효과를 거둘 수 있습니다.

다섯째, 점진적으로 하십시오. 피부를 갑자기 햇볕에 과다하게 노출시키면 화상을 입거나 손상을 입으며 피부암을 일으킬 수도 있습니다.

여섯째, 연약한 피부는 보호하십시오. 얼굴과 목은 모자 등으로 보호하십시오. 만약 피부가 매우 민감한 편이라면 우선 발에서부터 일광욕을 시작하는 것이 좋습니다. 태양 아래 누워

자는 일은 화상을 입을 수 있으므로 피해야 합니다.

일곱째, 공기가 맑은 자연에서가 좋습니다. 공해가 심한 도시의 경우 대기 오염 층이 햇볕의 자외선을 가로막아서 치료의 효과를 거두기 어렵습니다.

햇볕을 담은 음식물

우리가 먹는 음식은 햇볕으로부터 간접적으로 얻은 것입니다. 음식의 에너지는 주로 화학적인 형태로 저장된 햇볕 에너지인데 이것은 단백질, 탄수화물, 지방, 비타민을 함유하고 있습니다. 우리가 음식을 먹는다는 것은 우리 생활에 햇볕 에너지를 추가하는 것이 됩니다.

양적 질적으로 가장 좋은 곡식을 거둬들이기 위하여 식물들은 다른 어떤 것보다 더 많은 햇볕을 요구합니다. 야외에서 자란 상추, 토마토 등의 채소들은 빛의 어떤 파장이 걸러진 온실 속에서 자란 것보다 보기에도 훨씬 좋을 뿐 아니라 맛도 훨씬 더 좋습니다.

현실적으로 어려움이 있기는 하지만 햇볕에 직접 노출된 과일과 채소를 선택하는 것이 가장 좋습니다. 때때로 빛깔은 영양가의 척도가 됩니다. 온실에서 자란 토마토나 익어가는 과정에서 잎사귀의 그늘 때문에 방해를 받은 복숭아는 햇볕을 잘 받고 자란 과일과 진한 빛깔로써 구별됩니다.

사람들은 과일이나 채소의 껍질은 늘 벗겨버립니다. 그러나 사과나 배와 같은 신선한 과일의 껍질에는 풍부한 비타민과 무기질이 가득합니다. 껍질을 벗겨 버리는 것은 이들 음식물 속에 들어 있는 중요하고 유익한 햇볕을 던져 버리는 것입니다.

야외에서 재배된 싱싱한 짙은 녹색 잎들을 버리지 말고, 과일들을 껍질 채 먹는 습관을 길러야 합니다.

어두운 곳에 빛을

햇볕이 없는 곳에서 각종 질병을 일으키는 박테리아 곰팡이 바이러스 등이 생기듯이 모든 죄는 어두운 곳에서 생깁니다. 인간의 온갖 부패와 추악한 행위는 밤에 이루어집니다.

요한복음 3장 20-21절을 보면, "악을 행하는 자마다 빛을 미워하여 빛으로 오지 아니하나니 이는 그 행위가 드러날까 함이요 진리를 따르는 자는 빛으로 오나니 이는 그 행위가 하나님 안에서 행한 것임을 나타내려 함이라"고 말씀하고 있습니다. 인격에 깊은 암흑이 있는 사람은 빛의 근원이신 하나님을 두려워합니다. 그러나 진정한 구도자는 빛으로 나옵니다.

인디언의 우화 가운데 이런 이야기가 있습니다. 해가 어둠이 무엇인지 이해하지 못하자, 별이 해를 데리고 아주 컴컴한 굴로 갔습니다. 태양은 어둠이 과연 어떤 모습일지 궁금해 하며 주위를 둘러보았습니다. 그러나 그 굴에 해가 들어서자마자 어둠은 완전히 사라졌고 별은 해에게 어둠을 보여줄 수 없었다고 합니다.

해가 가는 곳이면 어디서나 어둠은 물러가고 빛으로 충만하게 됩니다. 다만 그 햇볕이 가려지는 곳에 어둠이 깃들 뿐입니다. 부활하신 예수님은 참 빛이십니다. 그 빛이 비치는 곳에는 모든 어둠이 사라지게 됩니다.

빛과 어둠은 동시에 존재할 수 없습니다. 우리는 빛과 어둠을 동시에 사랑할 수 없습니다. 분명한 것은 일단 빛을 사랑하면 어둠은 물러가게 되어 있다는 사실입니다. 여기에 바른 신앙의 본질이 있고 죄악을 극복하는 비결이 있습니다.

예수님은 우리에게 "너희는 세상의 빛이라 … 너희 빛을 사람 앞에 비치게 하여 그들로 너희 착한 행실을 보고 하늘에 계신 너희 아버지께 영광을 돌리게 하라"(마 5:14, 16)고 말씀하셨습니다. 우리는 어떻게 빛으로 살 수 있을까요?

행성 중 스스로 빛을 발하는 것은 태양뿐입니다. 밤하늘을 비추는 달빛도 태양으로부터 받은 빛을 반사하는 빛입니다. 밤

하늘을 아름답게 수놓는 찬란한 별빛도 반사 빛일 뿐입니다.

창조주 하나님은 모든 피조물들에게 빛을 발하십니다. 은혜의 빛입니다. 하나님의 은혜의 빛이 없다면 우리는 더 이상 빛을 낼 수 없습니다. 그저 어두움일 뿐입니다. 하나님의 빛으로 인해 빛을 얻은 그리스도인은 은혜의 빛을 이웃에게 전해야 합니다. 이것이 반사의 빛입니다.

이웃 사랑과 봉사는 나의 것이 아니라 하나님이 베푸신 사랑에 감사하여 반사하는 하나님의 빛입니다. 하나님을 진심으로 믿어야 그분의 빛을 반사합니다. 어둠에 묻혀버린 빛은 더 이상 빛이 아닙니다. 빛은 어둠 속에서 더욱 밝게 빛납니다.

하나님은 예수 그리스도를 믿고 성령을 의지하는 사람에게 빛을 주십니다. 아름다운 빛을 발하고, 그 빛으로 세상을 밝게 비추라고 하나님은 우리에게 성령을 부어주십니다.

숲(森)

우리나라는 산이 많고, 산이 아름다운 나라입니다. 사람 사는 곳 어디에도 산 없는 곳이 없습니다. 그 좋은 산을 가까이에 두고 자주 가지 못한다면 가장 아름다운 것을 놓치고 사는 것입니다.

요즘 걷기가 몸에 좋다고 해서 많은 사람들이 걷기 위해 공원을 찾습니다. 그러나 그보다 더 좋은 것은 산행입니다. 산행만큼 우리 몸을 살아나게 하는 것도 없습니다.

작가 구본홍 씨는 『오늘 눈부신 하루를 위하여』라는 책에서 산행에 대하여 "오솔길을 돌아 그 푸른 숲속으로 들며 푸름의 일부가 되어 묻히는 것이 산에 드는 법입니다. 돌아오는 길에 몸과 마음에 그 푸른 산 내음을 조금 담아가지고 돌아오는 것이 바로 산행입니다. 바스러진 마음을 가지고 들어가 잠시 호젓한 곳에서 그 푸름으로 적셔 나오는 곳이 바로 산입니다"라고 말하고 있습니다.

그는 산을 즐길 줄 아는 사람입니다. 향수 가게에 들어가서 향수를 사지 않아도 나왔을 때는 향수의 향기가 풍깁니다. 숲속에 들어갔다 나오면 숲의 향기가 납니다. 숲속에 들어가면 자신도 모르게 몸과 마음이 살아나는 기분이 듭니다. 그 맛을 아는 사람들은 산을 찾습니다.

숲이 주는 유익

상식적으로 숲은 식물이 탄소동화작용으로 이산화탄소를 흡수하고 산소를 배출함으로 산소량이 많아서 사람과 동물에게 좋은 것으로 알려져 있습니다.

숲은 거대한 산소 공장입니다. 그래서 숲속의 공기는 언제나 신선합니다. 숲속에 있으면 산소가 충분하게 공급되어 머리가 맑아지고 기분이 상쾌해 집니다. 몸에 활력이 샘솟아 오르고 마음에 평안이 깃드는 것을 느끼게 됩니다.

그런데 밤에는 식물이 낮과 반대로 산소를 흡수하고 이산화탄소를 배출합니다. 그래서 밤에 숲속에서 지내는 것은 건강에 안 좋은 것이 아닌지 의문을 갖습니다. 물론 숲의 이산화탄소 농도는 주간보다 높습니다. 또 계절별로는 여름철보다 겨울철에 높습니다.

그러나 인체에 해로운 수준은 아닙니다. 실내공기의 기준은 미국에서 2,000ppm, 우리나라와 일본은 1,000ppm입니다. 그런데 숲이 울창한 광릉에서도 연중 최고일 때도 1,000ppm을 넘지 않는다고 합니다. 따라서 연중, 하루 중 어느 때이건 숲에서의 이산화탄소 농도는 건강에 전혀 지장을 주지 않습니다.

숲이 주는 유익은 산소 공급뿐만이 아닙니다. 숲은 우리에게 다양한 유익을 주고 있습니다. 숲은 자원의 곡간입니다. 목재를 비롯한 임산물의 보고입니다. 숲은 아름다운 방음벽입니다. 나뭇잎들이 방음벽 역할을 합니다. 그래서 숲속에 들어가면 조용함을 느낄 수 있습니다. 숲은 거대한 녹색 댐입니다. 빗물을 가득 빨아들였다가 조금씩 흘려보내기 때문입니다.

또한 숲은 재해 방지센터입니다. 비가 올 때 나무뿌리와 크고 작은 풀, 낙엽, 부러진 가지들이 흙을 끌어안아 흙이 흘러내리는 것을 막아주며 바람의 피해를 막아주고 있습니다. 그리고 숲은 야생동물들의 보금자리입니다. 숲이 주는 혜택으로 수많은 동물들이 살고 있습니다. 무엇보다도 우리가 숲에 관심을 갖는 것은 숲이 사람에게 주는 건강 증진 효과 때문입니다.

병원에서 치료를 포기한 환자들이 숲에 들어가 요양한 뒤 감쪽같이 병이 낫는 일이 일어나기도 합니다. 20세기 초까지만 해도 결핵환자가 마지막으로 의지하는 곳은 숲 속의 요양소였습니다.

　우리는 경험적으로 숲 속에는 무엇인가 특별한 것, 인간의 몸과 마음을 회생시키는 신비한 무엇이 있다는 것을 알고 있습니다. 과연 숲에는 무슨 비밀이 있는 것일까요?

숲속의 피톤치드

　오늘날 숲이 인간의 건강에 주는 이로운 요소 중 가장 주목받는 것은 피톤치드입니다. 피톤치드는 나무와 숲의 정기(精氣), 대기의 비타민으로 불리고 있습니다.

　깨끗한 공기는 산소를 다량 함유 시키거나 불순물을 거르는 필터 등을 통해 인위적으로 만들 수 있고, 음이온 역시 인위적으로 발생시킬 수 있습니다.

　그러나 피톤치드는 인위적으로 만들어낼 수 없는 물질입니다. 피톤치드는 그리스어로 '식물'을 의미하는 Phyton(Plant, 식물)과 '살균력'을 의미하는 Cide(Killer, 살인자)를 합성한 말로서 '식물이 분비하는 살균 물질'이라는 뜻입니다.

　이 단어는 1930년 구(舊)소련의 레닌그라드 대학의 B. P. 토킨(Tokin) 교수가 마늘이나 양파, 소나무 등에서 나오는 냄새 나는 물질이 아메바 등 원생동물과 장티푸스, 이질, 결핵균 등을 죽인다는 사실을 발견하고, 이런 현상을 일으키는 물질을 피톤치드라고 명명한 이후 사용되기 시작했습니다.

식물들은 왜 이런 독특한 물질을 뿜어내는 것일까요? 모든 움직이는 생물들은 저마다의 방식으로 자기 자신을 보호하는 도구가 있습니다. 동물들은 날카로운 발톱이나 빠른 발을 갖고 있고, 새는 하늘을 날 수 있는 날개가 있으며, 곤충들은 딱딱한 껍데기나 보호색 등으로 주변의 위협에 대처하며 생존의 지혜를 발휘합니다.

반면에 땅에 뿌리를 내리고 살아가는 수목(식물)은 이동할 수 없어 주위의 적으로부터 공격이나 자극을 받아도 피할 수가 없습니다. 때문에 식물은 자기를 방어하는 물질을 스스로 만들어 냅니다. 예를 들면, 나무의 가지가 강풍 등으로 부러졌을 때 더 많은 피톤치드를 발산합니다. 이러한 사실은 나무의 속살이 해충이나 미생물의 침입에 취약해짐에 따라 방어체계를 긴박하게 가동하는 현상이라 볼 수 있습니다.

이렇게 수목들이 주위의 해충이나 미생물로부터 자기를 방어하기 위해 공기 중에 또는 땅 속에 발산하는 방향성의 항생물질을 총칭하여 피톤치드라 합니다.

피톤치드가 주목을 끄는 것은 자신을 위협하는 각종 해충, 병균, 곰팡이, 박테리아 등에게는 킬러의 역할을 하지만 인간에게는 도리어 이롭게 작용한다는 점입니다. 피톤치드는 화학 합성 물질이 아닌 천연물질이고, 인간의 신체에 무리 없이 흡수되며, 인간에게 해로운 균들을 선택적으로 살균합니다.

피톤치드는 항균작용, 소취작용, 진정작용, 스트레스 해소 작용 등 수많은 기능을 하는 것으로 알려져 있습니다. 그러나 아직까지도 피톤치드의 효능에 대해 밝혀진 것은 극히 일부분에 지나지 않습니다.

피톤치드는 우리의 생활 속에서 이미 오래 전부터 이용되어 왔습니다. 우리 주변에서 피톤치드가 활용되는 사례는 매우 많이 있습니다. 초밥집에 가면 생선회를 소나무 또는 편백나무로 만든 도마 위에 올려주는 것을 봅니다. 이유가 무엇일까요? 소나무와 편백나무에는 강력한 항균작용을 하는 물질이 다량 함유되어 있어, 생선의 부패를 막아 신선도를 높여주고, 식중독을 일으키는 세균의 억제에도 도움이 되기 때문입니다. 우리가 회를 먹을 때 고추냉이(와사비)를 곁들이는 것도 고추냉이가 지닌 살균력을 활용하는 것이라고 할 수 있습니다.

송편을 찔 때 솔잎을 넣으면 떡이 잘 쉬지 않습니다. 위스키의 저장 통으로 참나무를 이용하는 것도 마찬가지입니다. 솔잎향이나 참나무향의 풍미를 가미한다는 점도 중요하지만, 피톤치드의 방부효과를 이용하는 것입니다. 한증막에 소나무 잎을 깔아두고 열을 가한 후 물을 뿌려 소나무의 함유물질을 증발시켜 이용하는 것 역시, 모두 종류만 다를 뿐 포괄적으로는 피톤치드의 효과를 활용하는 예라 할 수 있습니다.

그 밖에도 음식물에 사용하는 마늘이나 고추, 양파, 그리고 후추 같은 향신료들도 맛의 조화라는 미각적인 용도 이외에 각각의 식물이 갖고 있는 다양한 피톤치드 효과를 응용하고 있는 것입니다. 물론 각각의 구체적인 효능에 대해서는 아직도 밝혀지지 않은 것이 많습니다.

집을 지을 때 낙엽송이나 편백나무, 소나무 등의 목재가 좋다고 하는 것은 그 나무들이 함유하고 있는 피톤치드의 항균작용에 의해 집 먼지, 진드기, 모기, 곰팡이 등의 번식을 막아 주기 때문입니다. 숲에서 살려거든 잣나무 숲에 집을 짓고 살라는 말 역시, 잣나무가 발산하는 피톤치드가 인간의 건강에 매우 이롭게 작용한다는 경험을 전하는 말입니다. 하지만 극히 드문 일이 발생하는데 편백나무 알레르기가 있는 사람도 있다는 것을 TV를 통해 보게 되었습니다.

이렇듯 우리 주위에는 피톤치드의 효과를 활용한 생활의 지혜가 무수히 많이 있습니다. 그동안 막연히 좋은 것으로만 인식되던 나무의 신비한 힘, 혹은 어떤 식물의 불가사의한 효능이 이제 조금씩 규명되고 있습니다. 수목이 발산하는 피톤치드에 관해 과학적이고 학문적인 접근이 이루어지면서 그 구체적인 비밀들이 해명되어가고 있는 것입니다.

최근 일본의 게이오대학교 연구팀은 피톤치드가 인체에 들어오면 면역세포가 암 세포를 알아볼 수 있는 능력을 주어 암의 치료에도 효과가 있다는 사실을 밝혀냈습니다.

본래 우리의 면역세포는 우리 자신을 공격하지 않습니다. 암세포는 본래 나의 세포입니다. 그러므로 암으로 변한 세포를 면역세포가 공격하지 않으며 정상으로 돌아오기를 기다립니다. 그러나 숲이 방출하는 테르펜 화합물인 피톤치드가 혈액 속에 흐르기 시작 하면 이것이 암세포라는 것을 식별 하게 되어 공격이 시작됩니다.

건강의 비결 산림욕

숲속에는 피톤치드 말고도 향기, 음이온, 소리, 습도, 햇볕 등 심신에 이로운 요소들이 가득합니다. 숲은 보기만 해도 마음이 편해집니다. 선진국에서는 숲의 자연 치유력을 일찌감치 국민건강 관리법으로 도입했습니다. 독일의 경우 국가 차원에서 산림욕을 국민 질병 치료에 이용하기 위해 100여 년 전부터 산림 치료를 시행하고 있습니다.

우리나라에서 산림욕이라는 용어가 쓰인 것은 1980년대 중반부터였습니다. 그 후 전국의 주요 숲에 많은 산림욕장이 조성되었고, 산림욕을 하는 사람들의 수가 폭발적으로 증가하고 있습니다. 이제 산림욕이라는 용어도 일광욕이라는 단어처럼 친숙해졌습니다.

산림욕은 숲과 나무가 주는 녹색효과, 즉 뇌의 알파파 증가, 녹색의 심리적 안정 효과 등을 몸으로 체험하는 자연 건강법입니다. 삼림욕은 실제로 건강 증진 효과가 검증된 활동입니다. 산림욕을 통해 우리는 숲의 기운을 온몸으로 마시고 접할 수 있습니다. 산림욕의 효과는 활엽수보다는 소나무, 잣나무, 편백나무 같은 침엽수 숲에서 뛰어난 것으로 알려져 있습니다.

여러 언론매체에서 산림욕의 효능에 관해 소개할 때 거의 피톤치드라는 물질에 관한 이야기를 합니다. 그래서 산림욕은 곧 피톤치드를 마시는 일로 인식되고 있습니다. 피톤치드를 흡수하는 것이 삼림욕의 핵심적인 기능이기는 하지만 동일시하는 것은 정확한 것은 아닙니다.

산림욕을 할 때, 그것도 침엽수림이 울창한 숲속에서 장기간 산림욕을 한다면 피톤치드의 효과를 극대화할 수 있습니다. 그러나 정도와 성분의 차이가 있을 뿐 모든 식물이 피톤치드를 함유하고 있다는 사실을 간과하면 안 됩니다.

숲의 나무에서 나오는 피톤치드를 흡입하기에 가장 효과적인 시간은 맑은 날 오후 1시부터 3시까지라고 합니다. 삼림욕에는 일정한 법칙은 없으며, 숲속을 거니는 것이 기본입니다. 숲속의 빈자리에서 독서를 하거나 그물 침대를 나무에 걸어놓고 누워서 공기를 실컷 마시면 됩니다.

숲속에서 가벼운 운동을 하게 되면 호흡이 활발해져 더 많은 공기를 들여 마실 수 있는 이점이 있습니다. 그리고 될수록 피부를 노출시키면 인체에 해로운 균을 소멸시키는 효과가 있습니다.

삼림욕의 신비를 오늘날의 과학이 밝혀내긴 하였지만 고대 중국에서는 그 자연의 효용을 일찍부터 터득한 바 있으며, 우리 조상들 역시 예로부터 숲속의 맑은 공기는 건강에 유익하다는 것을 강조해 왔습니다. 스트레스가 쌓일 때면 병원이 아니라 숲을 찾아야 합니다.

숲 가꾸기

나이가 많은 나무일수록 나무의 중심부인 심재가 두꺼워 쓸모가 많아지는데, 나무 나이는 200년이 됐을 때 강도가 최고조에 이른다고 합니다. 하지만 현재 우리나라에는 그런 나무가 부족한 실정입니다. 그렇기 때문에 숲을 가꾸어야 합니다.

  오래전 필자는 선교단체에 있을 때 세미나 참석을 위해 독일에서 숲에 대한 이야기를 들었습니다. 그곳의 나무들은 거의가 경제성이 있는 나무들이라고 합니다. 체계적으로 산림을 관리한 결과입니다.

  우리나라도 그동안 정부의 적극적인 산림녹화사업으로 민둥산이 사라지고 전 국토가 녹음으로 우거지게 되었습니다. 대단한 성과입니다. 하지만 잡목들이 대부분이고 경제적으로 가치 있는 나무들은 적다는데 아쉬움이 있습니다.

  오래전 여름, 어느 세미나에서 우연히 예전 산림청장 조연환 씨를 만났습니다. 그는 필자와의 인연은 이렇습니다. 강원도 홍천에서 호스피스 봉사를 할 때 그곳에서 함께 봉사했던 봉사팀원이었습니다. 그는 산림청장으로 있을 때 생명의 숲 가꾸기 운동을 전개했던 분입니다. 지금도 사단법인 생명의 숲(1998년 창립)을 통해 계속 숲 가꾸기 운동을 하고 있습니다.

  자연과 하나 되는 풍요로운 농산어촌을 만들고, 생태적으로 지속 가능한 자원·사람 순환형 사회를 만들고, 함께 돌보고 가꾸어 가는 녹색도시 공동체를 만들어 가는 것이 목표입니다. 그분과의 만남을 통해 숲 가꾸기의 중요성을 더욱 생각하게 되었습니다.

우리나라는 전 국토의 64%가 산지인 산림 국가이면서도 30년생 이하의 청년기 산림이 대부분이어서 연간 목재 수요량의 90퍼센트를 외국에서 수입하고 있습니다. 이 문제는 빨리 빨리 어떻게 할 수 없는 것입니다. 세월이 필요하고 부단한 노력과 인내가 필요합니다. 지금도 여행을 위해 국도를 타고 강원도 지역을 다니다 보면 민둥산으로 있는 것을 볼 수 있습니다.

탈무드에 이런 이야기가 있습니다. 어떤 노인이 뜰에 과수 묘목을 심고 있었습니다. 그곳을 지나가던 한 나그네가 말을 걸어 왔습니다. "도대체 언제 그 나무에서 열매를 따 먹겠다고 나무를 심는 겁니까?"

그러자 노인이 하던 일을 쉬지 않고, "한 30년 지나면 열매가 열리겠지"하고 대답했습니다. 그랬더니 나그네가 "노인장께서 그토록 오래 사시겠습니까?"라고 물었습니다.

그제야 노인이 잠시 손을 놓고, 나그네를 바라보면서 또렷하게 말했습니다. "그렇지는 않지요. 하지만 내가 태어났을 때 과수원에는 열매가 풍성했었단 말이오. 그 나무를 누가 심어 놓았겠소? 바로 우리 아버지였단 말이오. 아버지가 자손들을 위하여 과일 나무를 심어 놓았단 말이오. 나도 아버지처럼 하는 것이오."

나무를 심고 기르는 일은 당장 이익을 얻을 수 있는 일이 아닙니다. 장기적으로 투자하는 것입니다. 이제 우리도 여유를 가지고 장기적으로 재목으로 쓸 수 있을만한 나무들을 심고, 또 유실수도 심어야 합니다.

당대에 어떤 성과를 거두거나 이익을 얻을 수는 없습니다. 나를 위해서는 할 수 없는 일이지만 우리의 자녀들, 후손들이라도 웰빙의 삶을 누릴 수 있도록 나무를 심고 가꾸어야 합니다.

잡초 예찬

푸른 숲은 나무들만으로 이루어지지 않습니다. 숲에는 수많은 잡초(雜草)들이 있습니다. 이 세상에 존재하는 모든 것들이 나름대로 존재하는 의미가 있듯이 미미한 잡초들 역시 그렇습니다.

탈무드에 나오는 이야기입니다. 어느 농부가 허리를 굽히고 정원의 잡초를 뜯고 있었습니다. 얼굴에서는 땀방울이 뚝뚝 떨어졌습니다. "이 지긋지긋한 잡초만 없다면 정원이 좀 더 깨끗해질 텐데, 어째서 하나님은 이와 같은 잡초를 만드셨을까"라며 혼자서 푸념을 했습니다.

그러자 이미 뽑혀 마당 한 구석에 있던 잡초가 농부에게 "당신은 나를 지긋지긋한 존재라고 말하지만 나도 한마디 할 말이 있습니다"라고 하고는 이렇게 이야기했습니다.

"당신은 모르고 있지만 우리도 도움이 되고 있습니다. 우리는 뿌리를 흙속에 뻗음으로써 흙을 다지고 있습니다. 그러므로 우리를 뽑은 뒤에는 흙이 갈라질 것입니다. 또 비가 내렸을 때에는 흙이 떠내려가는 것을 막아주고 있습니다. 건조한 시기에는 바람이 모래 먼지를 일으키는 것을 막아주고 있습니다. 우리는 이렇게 당신의 정원을 지켜온 것입니다. 만약 우리가 없었더라면 당신이 꽃을 가꾸려고 하더라도 비가 흙을 씻어내고, 바람이 흙을 불어 날렸을 것입니다. 그러므로 꽃이 아름답게 피었을 때는 우리의 수고를 상기해 주기 바랍니다."

농부는 이 말을 듣고 자세를 바로하고 이마의 땀을 닦았습니다. 그리고 미소 지었습니다. 그는 그 이후 잡초를 소홀히 하는 일이 없었다고 합니다.

사람들에게 별 관심도 받지 못하고 무심히 짓밟히는 잡초입니다. 어떤 사람은 자신을 별 볼 일 없는 잡초 인생이라고 생각하며 스스로를 무가치하게 여깁니다. 하나님은 잡초에게도 은혜를 베푸십니다. 잡초도 하나님의 사랑과 관심의 대상입니다.

예수님은 산야의 작은 들꽃을 보시면서 "솔로몬의 모든 영광으로도 입은 것이 이 꽃 하나만 같지 못하였느니라"(마 6:29)라고 예찬하셨습니다. 그리고 "오늘 있다가 내일 아궁이에 던져

지는 들풀도 하나님이 이렇게 입히시거든 하물며 너희일까 보냐 믿음이 적은 자들아"(마 6:30)라고 말씀하셨습니다.

가만히 생각해보면 못난 풀은 없습니다. 다만 위대한 잡초만 있을 뿐입니다. 이들은 가뭄도 이기고 장마도 이기고 벌레도 이겼습니다. 이 승리의 과정에서 한 번도 사람의 도움을 받지 않고 하늘 하나님의 도움만 받았습니다. 오히려 사람의 박해를 받으면서도 견뎌냈습니다. 또 천둥 벼락도 받아들이고 더위와 추위도 모두 수용하는 여유를 지니고 살아가고 있습니다.

이에 비하여 온실 속의 화초나 사람의 손에만 의지하며 자라는 농작물은 얼마나 약한지 모릅니다. 가뭄에도 견디기 위해 깊이 뿌리를 내린 산야초와 달리 사람의 손을 통해 가꾸어지는 식물은 제 때 물이 공급되지 않으면 말라 죽고 맙니다. 게다가 비료가 주어지고 수시로 농약을 뒤집어쓰며 자라니 얼마나 처량한지 모릅니다.

모든 산과 들의 풀들은 하나님을 쳐다보고 살고, 재배되는 화초와 농작물은 사람을 쳐다보고 삽니다. 사람 역시 잡초처럼 전적으로 하나님만 의지하며 사는 자들이 있고, 비닐하우스 안의 작물처럼 인간만 의지하며 사는 자들이 있습니다.

육신의 치료에 있어서도 사람에게만 매달리면 쉽게 죽지만 하나님이 주신 자생력을 믿고 기쁨으로 살면 못 고칠 질병이 없습니다. 잡초는 우리에게 하나님만을 바라보며 의지하라고 가르쳐 줍니다.

다윗은 "우리가 하나님을 의지하고 용감히 행하리니 그는 우리의 대적을 밟으실 자이심이로다"(시 108:13). 다윗은 하나님을 의지함으로써 용감히 행할 수 있었습니다. 다윗의 용맹한 삶은 전적으로 하나님을 믿고 의지한 결과였습니다. 하늘에 시민권을 둔 성도된 우리라면 하나님을 의지하며 살아야 합니다.

채소와 열매

 먼 옛날부터 식물은 인간생활에 긴요한 모든 자원들을 제공했습니다. 고대로부터 발달한 우리의 전통적인 한방의학 역시 식물에 근거를 두었으며, 옛 우리 조상들은 식물을 이용한 식생활을 풍성하게 발전시켜 왔습니다.
 우리에게 전해진 다양한 음식 문화에는 옛 사람들의 지혜가 담겨 있습니다. 하지만 우리는 오랫동안 그 유산을 충분히 활용하지 못했습니다. 오래 전부터 웰빙 바람이 불어 산야초가 활용되는 시골 밥상이 조명을 받고, 비빔밥을 비롯한 채식 위주의 우리 한식이 세계화 되고 있음은 반가운 일이 아닐 수 없습니다.

봄의 진미 두릅

입춘이 지나면 겨울 동안 식탁 위에 자주 오르던 지루한 김장 김치보다는 풋풋한 봄 내음이 풍기는 산나물을 떠올리게 됩니다. 일반 채소는 사람들이 경작하지만 산나물은 큰 수고 없이 얻게 되는 자연의 선물입니다.

이른 봄에 나오는 갖가지 나물 중에서 으뜸가는 산채는 두말할 나위 없이 두릅입니다. 두릅은 3-4미터 정도의 두릅나무에서 자란 어린 순을 말합니다. 산채류마다 먹을 수 있는 부위가 각각 다른데 두릅은 어린 순을 먹는 고급 산나물입니다.

살짝 데친 두릅을 초고추장에 찍어 먹으면 독특한 향과 씹는 맛으로 인하여 마치 봄을 송두리째 먹는 듯한 기분이 듭니다. 두릅나무는 우리나라 전국의 양지바른 산기슭과 골짜기에서 자생하므로 비교적 쉽게 채취할 수 있습니다.

그러나 두릅나무 줄기 전체에 뾰족하고 센 가시가 돋아나 있어서 두꺼운 장갑을 끼고 어린 순을 따야 합니다. 어린 순의 앞 뒷면에도 잔털과 가시가 있어 두릅을 채취하고 조리하는 일이 쉽지 않습니다. 하지만 땅에서 새싹이 올라오는 땅두릅은 채취하는 재미가 쏠쏠합니다.

몇 해 전만해도 봄이면 아내와 봄이면 두릅과 땅드릅, 엄나무 순을 따러 장흥 골짜기를 헤매던 시절이 있었습니다. 나물을 잘 모르는 아내는 두릅과 같이 예쁘게 생긴 옻순을 따가지고 와서 이것도 먹느냐고 묻기도 했습니다.

두릅은 다른 채소에 비해 단백질이 풍부하고 우리나라 국민들에게 부족하기 쉬운 비타민이 다량 함유되어 있을 뿐 아니라 칼슘, 섬유질이 함유되어 있어 봄의 으뜸가는 산채로서 자리를 굳히고 있습니다.

두릅나무의 어린 순은 나물로 식용하지만 뿌리와 껍질은 약재로 이용됩니다. 두릅나무 껍질에 돋아난 가지를 제거하고 햇볕에 말린 약재를 총목피(惣木皮)라고 하는데 이것은 위궤양, 당뇨병, 신장염 및 신경쇠약 등에 민간약재로 사용되고 있습니다.

두릅을 구입하여 다듬을 때에는 싹이 나온 부분의 갈색 껍질을 벗겨내는 밑 손질을 반드시 해주어야 합니다. 데칠 경우에는 아랫부분이 두터우므로 끓는 물속에 먼저 넣거나, 미리 칼집을 넣어 골고루 익게 해야 합니다. 살짝 데쳐서 먹는 두릅회나 작은 꼬챙이에 고기와 두릅을 번갈아 꽂아서 지져낸 두릅적이 일반적인 식용방법입니다.

두릅의 독특한 향기를 즐기고 싶을 때에는 튀김을 해도 좋습니다. 튀김옷을 입혀도 좋지만 어린 순을 날 것 그대로 튀겨내면 씹히는 맛이 별미입니다. 또 두릅적을 부칠 때에도 고기를 넣지 않고 풋마늘이나 느타리버섯을 두릅과 함께 지져내도 좋고 두릅과 쪽파에 메밀가루를 풀어서 적을 부쳐도 그 맛이 일품입니다.

그러나 두릅은 성질이 차가운 식품이므로 많은 양을 먹으면 민감한 사람의 경우 설사나 배탈이 날 수 있으므로 알맞게 섭취하는 것이 좋습니다. 과유불급(過猶不及)은 여기에도 해당이 됩니다. 절제는 언제 어디서나 필요한 덕입니다.

어느 봄날 필자의 가정을 찾은 신학원생 몇 명과 식탁에 올라온 두릅의 특별함을 설명하자 기대에 찬 탄성이 터져 나왔습니다. 감사 기도를 올린 후 애찬을 나누었습니다. 여럿이 어울려 먹는 음식은 정겨움이 더하여 더 맛이 있습니다. 봄이 되면 나물로 인해 식탁이 풍성해집니다. 손님들이 찾아와도 내놓을 것이 많아 기쁩니다. 귀한 산나물들을 먹을 때마다 대자연의 선물에 감사하게 됩니다.

곰취, 곤드레 나물

봄이면 꽃구경을 위해 여행을 자주하던 시절, 강원도 속초 시장에서 곰취를 사서 장아찌를 담군 적이 있습니다. 봄을 알리는 대표적인 산채 중의 하나인 곰취는 곰이 좋아하는 나물이라는 뜻에서 유래되었다고 합니다. 옛 어른들은 겨울잠을 깬 곰이 가장 먼저 찾아 먹는 나물이라고 하고, 또 곰이 살 정도로 깊은 산에서만 자란다 하여 그런 이름이 붙여졌다고 합니다.

곰취는 습기 찬 깊은 산에서 무리를 이루어 자라는 다년초로서 잎은 30cm 정도의 크기를 가지고 있고, 7월부터 줄기 꼭대기에서 2-3cm 정도의 노란 꽃이 핍니다.

봄에 나오는 어린 곰취는 나물로 사용합니다. 끓는 물에 데쳐서 헹군 다음 물에 불려 쓴맛을 뺀 뒤 꼭 짜서 참기름을 넉넉히 두르고 볶다가 간장, 파, 마늘, 깨소금으로 간을 맞추어 조물조물 무칩니다. 식성에 따라 간장에 무치거나 된장, 고추장에 따로 무치기도 합니다.

또한 쌈으로 먹기도 하며 약용으로는 진통, 보양재로 쓰입니다. 제철에 먹을 때 향기와 맛이 일품이고, 영양가가 아주 좋은 음식으로 알려져 인기가 있습니다.

또한 사람들이 즐겨 찾는 특선 요리는 곤드레 나물입니다. 곤드레 나물은 무청 말려놓은 것과 비슷합니다. 곤드레 나물을 이용해서 비빔밥을 만드는 데 이를 식당에서 곤드레 밥이라고 팔고 있습니다. 먹어 본 사람들은 별미라고 좋아합니다.

언젠가 강원도 주문진 진리수양관으로 학생부 연합 여름수련회 주방 봉사를 갔을 때 함께했던 팀원들과 방아다리 약수터

가는 길에 줄을 서서 먹는 곤드레나물밥이 유명한 집을 찾은 적이 있습니다. 단순히 나물밥에 간장 양념뿐인데도 그 맛은 흔히 엄지 척입니다. 사람들이 줄을 서서 먹을 정도로 봄나물 중의 으뜸은 곤드레가 아닐까 합니다.

또 얼레지라는 나물도 있습니다. 식탁에서 음식 이야기로 꽃이 피면 이곳에서의 먹을거리에 대한 관심이 높아집니다.

산야초의 재발견

옛 할머니들은 잡곡밥에 나물국과 김치, 깍두기를 놓고, 된장에다 삼을 싸 먹는 좋은 식습관을 가지고 있었으면서도 넉넉하지 못한 생활 때문에 어린 아이들에게 고기 한 점 사 먹이지 못하는 것을 괴로워했습니다.

사람이 바로 알지 못하면 독약을 먹으면서도 보약으로 착각하는 수가 있고, 보약을 먹으면서도 보잘 것 없는 것으로 착각하는 수가 있습니다. 우리 조상들은 건강식을 하면서도 몰랐기 때문에 건강을 유지하는 데 넉넉하지 못한 것으로 착각하여 항상 마음이 굶주려 있었던 것입니다.

그러나 요즘에 와서 음식에 대한 과학적 연구를 통하여 과거에 우리 조상들이 먹었던 음식이 그야말로 웰빙 음식임을 알게 되었고, 고기는 적게 먹고 채소를 많이 먹어야 성인병을 예방할 수 있다고 해서 채식이 각광을 받고 있습니다.

숲속에는 전문가가 아닌 이상 그 이름조차 알 수 없는 무수한 산야초가 있습니다. 산야에서 자라는 식물들 중에서 독성(毒性)이 없는 것은 거의 식생활에 이용할 수 있습니다. 우리나라에는 독성식물이 약 50여 종 있는 것으로 알려져 있습니다.

독성이 있는 나물을 구별할 줄 알아야 합니다. 필자가 섬기는 교회 주방팀에서도 취나물과 같이 생긴 짝퉁 취나물을 먹고 배탈이 나서 한바탕 소동이 일어났던 적도 있었습니다.

필자가 이 책을 쓰면서 참조한 『산야초 여행』(山野草旅行)이라는 책에서는 160여 종에 달하는 식용 식물과 150여 종에 이르는 약용 식물을 소개하고 있습니다. 이 외에도 조리 방법의 여하에 따라 우리가 맛있게 먹을 수 있는 식물들이 대단히 많다고 합니다.

산야초에는 온갖 비타민과 미네랄 등 몸에 좋은 영양소가 듬뿍 들어 있습니다. 거친 환경에서 자생하는 산야초는 개량 재배한 일반 푸성귀보다 맛도 좋고 영양가도 훨씬 높으며, 아울러 성인병 예방에 효과적이라는 것이 과학자들에 의해 입증되고 있습니다.

산야초는 무엇보다도 혈액 정화 능력이 뛰어납니다. 풍부한 비타민과 미네랄, 섬유소가 장을 비롯한 내장의 기능을 활발하게 하고 신진대사를 왕성하게 하여 피를 깨끗하게 해주기 때문입니다.

또한 산야초는 대부분 이뇨와 통경 성분을 지니고 있으며 해독, 소종, 강장, 해열, 진통 등 마치 만병통치약과도 같은 효능을 발휘하는데, 이는 산야초가 함유하고 있는 다양한 영양소가 복합적인 상호작용에 의하여 효과를 발휘하기 때문으로 보입니다.

근래 강원대 식품생명공학부는 산야초의 약리적 효능에 관한 연구 발표를 통하여 우리나라에서 나는 각종 산야초가 강한 항암 효과가 있다고 발표한 바 있습니다. 취나물, 냉이, 곰취, 씀바귀, 잔대순, 쇠비름, 개미취, 민들레, 질경이 등은 발암물질의 활성을 80% 이상 억제하는 것으로 나타났습니다.

산야초는 보약입니다. 다양한 산야초를 활용하면 값비싼 한약이 아니더라도 얼마든지 우리 몸의 건강을 증진할 수 있습니다. 산야초는 쌈, 무침(김치), 녹즙, 부침, 나물, 말린 나물, 절임, 짱아지, 차 등으로 다양하게 이용할 수 있습니다.

그러다 보니 산채의 불법 채취가 성행하여져 산야가 황폐해지는 모습 또한 모순으로 남습니다. 봄이면 산마다 '산채 무단 채취 금지'라는 팻말이 여기저기에서 볼 수 있을 정도 입니다.

또한 식사 후 한 잔의 차는 건강에 좋습니다. 근세 중국의 석학 임어당은 "차는 하늘이 내린 최고의 선물"이라고 극찬을 했습니다. 이연자 한배달우리차문화원 원장은 『자연을 마시는 우리 차』에서 "수천만 년이나 된 상생대의 토질과 사계절이 뚜렷한 산에서 저 혼자 자란 식물 중엔 어느 것 하나 차의 재료가 되지 않는 게 없다"라고 말하고 있습니다.

산속에는 약재가 되는 느릅나무, 가래나무, 고로쇠나무, 돌배나무, 민들레, 복수초, 자작나무, 마가목, 산뽕나무, 소나무, 잣나무, 가시오가피, 질경이, 곰취, 미역취, 등이 있는 우리 강산입니다.

필자는 가을 여행 중 오대산 월정사를 여러 차례 찾은 적이 있습니다. 그곳은 입구에서부터 마가목의 열매가 붉고 탐스럽게 달려 있는 광경에 반해 사진으로 남겨두기도 했습니다. 가을에는 계곡을 따라 붉게 물든 단풍 길이 일품입니다. 상원사까지의 드라이브 코스로는 그만한 곳이 없다고 봅니다.

감사하게도 이 땅의 숲속에는 향기로운 보약으로 가득합니다. 자연보다 더 나은 보약은 없습니다. 자연은 보약 중의 보약입니다. 자연에 안긴 자는 건강하고 자연을 배신한 자는 병이 듭니다.

식생활의 변화

히포크라테스는 "음식으로 못 고치는 병은 의사도 못 고친다"라고 했습니다. 건강을 지키는 비결은 간단합니다. 하나님이 명하신 음식을 먹는 것입니다. 그러면 하나님이 명하신 우리의 음식은 무엇일까요?

창세기 1장에서, 천지 창조 셋째 날에 하나님은 "땅은 풀과 씨 맺는 채소와 각기 종류대로 씨 가진 열매 맺는 나무를 내라"고 말씀하시고 여섯째 날에 아담과 하와를 창조하신 후 "내가 온 지면의 씨 맺는 모든 채소와 씨 가진 열매 맺는 모든 나무를 너희에게 주노니 너희의 먹을거리가 되리라"고 말씀하고 있습니다.

성경은 채소와 곡식과 열매가 본래 우리의 먹을거리라고 말씀하고 있습니다. 창조 당시 최초의 인간인 아담과 하와에게 주어진 식물은 채소와 곡식과 열매였습니다. 그들이 살던 에덴동산에는 그것들이 풍성했습니다. 선악과를 따먹지 말라는 하나님의 말씀에 순종했었다면 인간은 영원히 살 수 있었습니다.

인간이 짐승의 고기를 먹게 된 것은 노아 홍수 이후입니다. 고기를 먹으면서 인간의 수명이 줄어들었습니다. 창세기 기록을 보면, 아담이 930세를 살았고(창 5:5). 무드셀라는 969세를 살았습니다(창 5:27). 그 외의 많은 사람들이 900세를 넘게 살았습니다. 그러나 홍수 이후 노아의 아들 셈은 600세를 살았고(창 11:10-11), 모세는 120세를 살았지만(신 34:7) 그의 시에 의하면 당시 사람들의 수명은 보통 70세였고, 강건하면 80세였습니다(시 90:10).

노아 홍수는 지구 환경 뿐 아니라 인간의 수명에도 큰 영향을 미쳤습니다. 홍수 이전에 지구는 아열대 온도로서 채소나 열매가 자라기에 적합한 환경이었습니다. 파란 풀과 과일이 일년 내내 있었습니다. 그런데 홍수 이후에 지구의 환경이 엄청나게 달라졌습니다.

그전까지는 지구를 둘러싼 수층이 태양열의 직접적인 반사를 막아주어서 지구 전체가 온화한 아열대 기후로, 그 안에 습기가 골고루 퍼져서 마치 온실과 같이 너무도 좋은 날씨였습니다. 그런데 홍수로 인해 대기권 위에는 수층이 다 없어졌습니다.

그때부터 태양열이 직접적으로 땅에 내리쬐게 되었습니다. 태양의 강렬한 자외선이 직접 생명체에 도달하기 때문에 지구 위에 퇴화 현상과 파괴 현상이 강렬하게 일어나게 되었습니다.

아마 홍수 이전까지는 지구가 똑바로 있었는데 홍수가 날 때 심한 움직임 때문에 기울어졌을 것입니다. 그 증거는 홍수 이후에 하신 하나님의 말씀입니다. "땅이 있는 동안에는 심음과 거둠과 추위와 더위와 여름과 겨울과 낮과 밤이 쉬지 아니하리라"(창 8:22).

지구가 기울어짐으로써 한쪽은 태양에 가까워지고 한쪽은 멀어져서 추위와 더위가 생겼습니다. 갑자기 겨울이 생기니까 채소나 열매가 줄어들고 식량이 부족해졌습니다. 이 현상 때문에 지구 위에 있던 많은 채식 짐승들이 없어져 버렸을 것입니다.

이렇게 식량 부족 현상이 나타날 것을 미리 아시고 하나님은 식량에 대한 명령을 바꾸셨습니다. "모든 산 동물은 너희의 먹을 것이 될지라 채소 같이 내가 이것을 다 너희에게 주노라"(창 9:3). 육식은 우리 몸에 좋아서가 아니라 음식이 모자라니까 할 수 없이 주신 것이라고 볼 수 있습니다.

노아 홍수 이후로 사람들은 산 동물을 비롯해 온갖 것을 먹게 되었고, 사람의 수명은 급격히 줄어들었습니다. 인간은 태초의 생식위주의 음식 섭취에서 화식(火食)으로의 변화를 추구했고, 다시 보다 간편한 식사를 갈구하여 요즘은 가공 식품들을 주로 먹고 있습니다. 그 결과 각종 질환과 성인병의 증가 등 자업자득을 되풀이하고 있습니다.

풍요 속의 빈곤

음식물 쓰레기가 심각한 환경 문제가 될 정도로 요즘 우리의 식생활은 풍요롭습니다. 보릿고개는 까마득한 옛 이야기가 되어버렸습니다. 먹기 싫어서 남기고, 맛이 없다고 남깁니다.

그런데 오늘날 사람들의 많은 질병의 원인은 영양소의 결핍 때문에 발병하고 진행하거나 악화됩니다. 아이러니한 이야기입니다. 먹을 것이 남아도는 상태에서 영양결핍이라니 도대체 이것이 무슨 말일까요?

독일의 저명한 자연요법 전문치료사 우베 칼슈테트가 쓴 『죽는 날까지 병원 안 가고 산다』라는 책을 보면, 왜 결핍 현상이 일어나게 되는지 조목조목 설명하고 있습니다. 그가 지적하고 있는 점을 요약해서 소개하면 이렇습니다.

지금 우리가 먹는 음식물 속에 있는 비타민과 미네랄 양은 몇 십 년 전 같은 음식물 속에 들어 있던 분량의 단지 20-30%에 지나지 않는다는 것입니다. 토양이 매년 메말라가고 있기 때문입니다. 게다가 현재 식량 재배가 지향하는 바는 품질이 아니라 대량생산입니다. 그렇게 재배되어 시장에 나온 농작물들은 그들이 원래 가지고 있던 영양소의 단지 적은 일부만을 함유하게 된다고 합니다.

채소와 과일을 미리 수확해서 오랫동안 보관하는 방법도 영양소가 빠져나가는데 한 몫을 한다고 합니다. 또한 많은 종류의 기초 영양소는 상당 부분 조리할 때 끓이거나 볶거나 튀기거나 전자레인지에 대우는 과정에서 변형되거나 소멸된다고 합니다.

인스턴트 음식이나 장기 보관용 음식과 음료에는 효소라는 형태로 음식물이 원래 함유하고 있던 생명의 불꽃은 이미 모두 꺼져버린 상태라고 하니 죽은 영양소들이 들어 있는 먹을거리인 셈입니다. 그야말로 풍요 속의 빈곤입니다.

모든 영양소를 골고루 갖추고 있는 완전한 식품이란 이 세상에 존재하지 않습니다. 그러므로 영양의 결핍 문제를 해결하기 위해서는 신체에 필요한 여러 가지 식품들을 골고루 준비하여 균형 있는 식사를 하는 것입니다. 균형식이 되려면 매일 하루 동안에 식탁에 오르는 식품 원료의 종류가 적어도 30종은 되어야 한다고 합니다.

주부들에게 식품 영양에 대한 어느 정도 전문적인 지식이 필요한 때입니다. 또한 각각의 식품 특성을 파악하여 영양소 파괴를 최소화할 수 있는 효과적인 조리 방법을 선택해야 합니다. 사람들은 불에 구운 것을 가장 좋아하는 데 그것은 가장 안 좋은 방법입니다.

채소의 경우는 할 수 있는 한 자연 그대로의 상태를 유지하는 것이 가장 좋습니다. 생 채식이 불가능한 경우 살짝 쪄서 요리하거나 재빨리 볶는 것이 영양소의 파괴를 최소화하는 조리

법입니다. 비타민 D나 E는 열에 강하기 때문에 비교적 상실되지 않으나 A와 B는 상당히 상실되며, C의 경우는 거의 전무한 상태가 되어버립니다.

자연주의 식생활

천국을 묘사하고 있는 요한계시록 22장 2절을 보면, "강 좌우에 생명나무가 있어 열두 가지 열매를 맺되 달마다 그 열매를 맺고 그 나무 잎사귀들은 만국을 치료하기 위하여 있더라"고 말씀하고 있습니다. 하늘나라에 가면 우리는 에덴동산에서와 같이 다시 채소와 열매를 먹고 살게 되는 것일까요.

사람들 중에는 육식 뿐 아니라 동물에게서 나온 부산물, 즉 우유나 계란도 먹지 않는 절대채식주의자들도 있습니다. 이들은 영양소 결핍증에 걸리기 쉽습니다. 우리가 이 세상에 사는 동안에는 적당히 고기도 먹어야 합니다. 하나님이 인간에게 육식을 허락한 이후 우리 인체의 생리 구조가 고기를 먹어야만 되게끔 적응되어 있기 때문입니다. 고기를 먹되 채식 위주이어야 합니다.

건강한 식생활을 위해 명심해야 할 법칙이 있습니다. 그것은 음식 재료를 선택할 때 세 가지 가까운 것을 택해야 한다는 것입니다. 첫째, 계절에 가까워야 합니다. 즉 제철 식품을 먹어야 한다는 뜻입니다. 둘째, 가까운 곳에서 생산되는 것이라야 합니다. 셋째, 될 수 있는 대로 자연에 가까운 상태로 먹어야 합니다.

그러나 문명이 발달하면서 세 가지 가까워야 하는 음식의 법칙을 깨어지고 말았습니다. 달래, 냉이, 쑥하면 들에서, 고사리, 취, 두릅하면 산에서 나는 봄나물의 대표 격이었는데 요즘은 꼭 봄나물이라고 부를 수만은 없게 되어 가고 있습니다. 산나물, 들나물 할 것 없이 비닐하우스에서 재배하기 때문에 생산 시기도 조절되고 양도 대량 생산되어 제철이 따로 없이 되어 가고 있습니다.

거대한 슈퍼마켓에서 그리고 각 집마다 보급된 냉장고 안에서 우리는 철 구분 없는 음식을 언제라도 먹고 즐길 수 있게 되었습니다. 어리석게도 우리는 그것을 축복이라고 생각했고, 만족스러워하며 살았습니다.

한 가지 예로 화사한 봄날이면 딸기를 먹기 위해 봄나들이를 겸해 들로 나갔던 시절은 먼 이야기가 되었습니다. 딸기는 봄 식품이 아니라 겨울 식품으로 자리를 잡은 지 오래입니다. 그것도 유전자 조작으로 슈퍼 딸기가 생산되고 있습니다.

아무리 좋은 명약도 한 가지를 오래 마시면 해가 따릅니다.

음식도 마찬가지입니다. 바뀌는 계절마다 그 계절에 맞는 음식의 재료를 구입해 몸에 부족한 영양분을 보충하도록 해야 합니다. 겨울에는 몸을 따뜻하게 하는 음식을 먹어야 합니다. 추운 겨울에 여름 과일이나 차가운 아이스크림을 먹는 것은 겨울 활동을 하고 있는 내장을 손상시켜 병이 나게 만드는 일입니다.

또한 농산물 수입 개방으로 인해 우리나라에서 생산되지 않는 외국 식품들이 물밀듯이 쏟아져 들어오고 있습니다. 우리 땅에서 생산되는 곡식으로 밥상을 차릴 수 없게 된 지 이미 오래 되었습니다. 사람들은 값이 좀 싸다고 하여, 또 독특한 맛을 음미하기 위하여 외국 농산물을 선택합니다. 하지만 우리나라 사람들은 우리나라에서 나오는 음식을 먹는 것이 제일 좋습니다.

환자들이 건강을 회복하려면 잘 먹어야 하는데 문제는 입맛이 없는 것입니다. 입맛을 회복할 수 있는 방법 중의 하나는 어릴 적에 먹던 고향의 음식을 찾아 먹는 것입니다. 이로써 입맛을 찾고 건강을 얻는 사람들이 있었습니다.

여름에는 싱싱한 과일이 있습니다. 그런데 굳이 과일 통조림을 따서 먹어야 할까요? 첨가물이 들어간 가공식품을 간편하다고, 고급식품이라고 즐겨 먹지만 이런 것들이 건강을 해치는 중요한 원인이 된다는 사실을 잊지 말아야 합니다.

현대 과학은 화학 약품으로 해결하지 못한 질환을 자연에서 생산되는 열매, 풀잎, 식물의 뿌리 등에서 찾고 있으며, 특히 인도나 중국 등 동양의 고대 의학이 사용한 약재와 열매, 열대 원주민들이 옛날부터 사용하던 약재, 아메리칸 인디언의 전통적인 약재들을 과학적으로 검증하기 시작하여 놀랄만한 효능을 인정하게 되었습니다. 이것은 사람이 사는 곳마다 그곳에 알맞은 치료제가 자연에서 자라고 있음을 의미하는 것입니다.

지금까지 우리는 신토불이 영성, 곧 생태계의 법칙을 파괴하며 살아왔습니다. 이제 우리는 다시금 신토불이의 정신을 지키고 회복해야 합니다. 신토불이에 어긋나지 않는, 이 땅에서 제철에 나는 싱싱한 것을 그대로 먹는 식생활 방식으로 되돌아가야 합니다. 식생활도 자연주의(自然主義)가 필요합니다.

Part 3
사계절 묵상

봄(春)

여름(夏)

가을(秋)

겨울(冬)

봄(春)

남쪽에서 봄소식을 전해올 때 강원도 산골 오대산 자락이나 대관령은 여전히 깊은 겨울입니다. 그러나 봄이 오고 있음을 알리는 반가운 꽃이 있습니다. 양지바른 언덕이나 산기슭 눈 속 가랑잎 사이를 뚫고 피어나는 노란색의 복수초입니다. 필자는 한때 사진에 빠져 산야를 헤매면서 사진을 찍은 적이 있습니다. 눈 속에서 피는 꽃 복수초를 보면 생명의 신비 그 자체입니다.

이른 봄에 피어나기 때문에 늦게 내린 눈 속에서 묻혀 지낼 때가 많습니다. 그래서 마치 눈 속에서 피어나는 꽃처럼 보입니다. 생명의 신비함을 느끼게 하는 꽃입니다. 또 얼레지 꽃 또한 봄을 알리는 산야의 전령사입니다.

언제나 봄을 시샘하는 추위가 기승을 부리지만 대지는 봄기운에 안겨 생명을 잉태합니다. 겨울이 아무리 시샘을 하고 버텨도 봄은 기어코 오고야 맙니다.

우리는 봄을 기다리는 마음으로 엄동설한을 견뎌냈습니다. 봄기운에 대지가 꿈틀거리고 있습니다. 이제는 추위가 닥쳐도 움츠러들지 않습니다. 겨울이 물러가고 있기 때문입니다. 칼날과 같던 바람이 이제는 부드럽게 느껴집니다.

봄을 알리는 꽃들

봄이 오면 물가의 버들가지 봉우리가 기지개를 켜고, 가지에 물이 오릅니다. 이어 눈에 띄는 본격적인 봄소식은 개나리꽃이 들고 달려옵니다. 봄은 개나리로 시작되고 가을은 국화로 끝나며 한 겨울 눈꽃으로 한 해를 마감합니다. 겨울이 머뭇거리는 스산한 대지에 샛노란 개나리가 무리지어 피면 비로소 찬란한 봄이 몸으로 느껴집니다.

개나리꽃은 '희망'이라는 꽃말을 지니고 있습니다. 꽃말 그대로 노란 개나리꽃은 사람들의 마음을 들뜨게 합니다. 개나리꽃이 활짝 피면 겨울 내내 침침한 잿빛 세상이 환해집니다. 마음까지 밝아집니다.

개나리는 외래 식물이 아니고 순수한 우리나라 토종 꽃이라고 합니다. 이연자 원장은 개나리 꽃차를 소개하며 "노란 차 색이 동심을 느끼게 한다"라고 합니다. 예로부터 서민들의 꽃으로 불리는 그 흔한 개나리꽃이 풋풋한 봄의 향기를 느끼게 하는 꽃차의 훌륭한 재료가 된다는 사실이 새삼 놀랍고 흥미롭습니다. 알고 보면 이 땅의 것은 어느 것 하나 버릴 것이 없습니다.

마을마다 집집의 울타리마다 개나리꽃이 노랗게 피어나면 먼 산에서는 연분홍 진달래꽃이 피어납니다. 여러 가지 봄의 꽃 중에서 화사한 연분홍 꽃을 피우는 진달래는 우리의 봄 풍경을 상징하는 꽃나무입니다.

예로부터 진달래는 우리네 살림살이와 친근하게 살아왔습니다. 보릿고개를 힘겹게 넘던 궁핍했던 시절에 진달래꽃은 초여름에 피는 하얀 찔레꽃과 함께 아이들에게 훌륭한 간식거리였습니다.

진달래꽃은 독성이 없기 때문에 그대로 먹어도 부작용이 없습니다. 그러기에 삼월삼짇날에는 진달래 화전을 지져 먹고, 꽃잎을 녹말에 묻혀 뜨거운 물에 데쳐 오미자 우린 물에 띄워 마시기도 합니다. 진달래꽃의 향기요법으로 꽃에 얼굴을 가까이 대고 향기를 맡으면 기분이 상쾌해집니다.

진달래꽃과 비슷한 모양으로 피어나는 철쭉꽃은 독성이 있어 먹을 수 없습니다. 그래서 옛 사람들은 진달래꽃을 '참꽃', 철쭉꽃은 '개꽃'이라고 했습니다. 꽃잎을 살펴보아 홑잎이면 참꽃이고, 화려하게 피어난 겹잎은 개꽃입니다.

먹지는 못하지만 초록의 잎이 나온 뒤에 피는 철쭉은 진달래보다 화려하고 풍요로운 인상을 갖췄습니다. 진달래꽃은 잎이 나기 전에 가지에 듬성듬성 피어나기 때문에 모든 꽃봉오리가 피어나도 그리 풍성하거나 화려해 보이지 않습니다. 그저 우리네 심성을 닮은 순박한 모습입니다. 조경용 나무로 철쭉이 사랑받는 건 잎이 나기 전 화려한 꽃들로 자신을 드러냅니다. 그 화려함에 조경용으로 각광을 받는 것 같습니다.

그러나 진달래의 순박함은 우리의 민족 정서를 닮았다는 점에서 여전히 우리 국민들이 가장 좋아하는 꽃으로 손꼽힙니다. 산책길의 진달래를 바라보며 '진달래 꽃'을 생각해 봅니다.

나 보기가 역겨워 가실 때에는
말 없이 고이 보내 그리오리다.
영변의 약산 진달래 꽃
아름 따다 가실 길에 뿌리오리다.
가시는 걸음걸음
놓인 그 꽃을 사뿐히 즈려 밟고 가시옵소서.
나 보기가 역겨워
가실 때에는 죽어도 아니 눈물 흘리오리다.

김소월 시인의 '진달래 꽃'은 교과서에 실려 전 국민이 암송하는 시(詩)요, 가장 좋아하는 시입니다. 굳이 해설을 하지 않아도 공감이 가는, 우리 민족의 정서가 물씬 풍기는 시입니다.

　진달래만큼 우리 민족의 한(恨)과 정서를 고스란히 담아내는 꽃도 없지 않나 싶습니다. 그래서 오랫동안 우리 곁에서 사랑받은 나무일 수밖에 없었습니다.

　최근에는 도심에서도 진달래를 심심찮게 키우고 있습니다. 까다로운 점은 진달래가 다른 식물들처럼 햇살 좋은 남쪽에서 자라기 어렵다는 것입니다. 산에서도 남쪽보다는 북쪽 사면에서 더 많이 발견됩니다. 연분홍 빛깔이 봄 햇살처럼 따스하고 화사한 느낌을 주지만 진달래는 그늘을 좋아하는 음지 식물입니다.

　진달래는 뿌리를 깊이 내리지 않기 때문에 그늘진 곳을 좋아할 수밖에 없습니다. 햇볕이 강하게 내리쬐는 곳에서라면 진달래의 얕은 뿌리가 쉽게 말라버릴 수 있기 때문입니다. 그래서 정원에서 진달래를 키우려면 북쪽을 택하거나 남쪽이라 해도 돌이나 다른 조형물에 의해 그늘이 드린 곳이어야 합니다.

　필자는 그 진달래나무를 강화도에서 한그루 또 다른 섬에서 한그루 등등해서 네 그루를 옥상 화분에 심어 놓고 수년 동안 매년 봄이면 꽃놀이를 하곤 했는데, 공동주택 북향 화단 공터에 쓰레기를 버리기 시작하기에 쓰레기를 치우고 옥상이 있던 진달래나무 네 그루를 심어 놓았습니다. 아마도 이 책이 출간되고 나면 이 진달래꽃도 피지 않을까 합니다.

들꽃에 대한 사랑

　미풍에 실려 오는 꽃내음이 집안에만 있을 수 없게 만듭니다. 들로, 산으로 나가면 꽃들이 우리를 반깁니다. 그윽한 꽃향기는 발걸음을 멈추게 합니다. 꽃은 그 모양도 아름답지만 향기는 유혹적입니다.

　서양에는 "두 개의 빵을 가졌거든 하나는 팔아서 꽃을 사라 빵은 육신을 살찌게 하고 꽃은 마음을 살찌게 한다"라는 속담이 있습니다. 세상에 꽃을 싫어하는 사람이 있을까요? 누구나 꽃을 좋아하지만 그 취향은 제각각입니다.

　필자가 사는 건물 옥상에는 각종 꽃나무들이 있습니다. 지금은 많이 줄었지만 한참 많을 때는 거의 100여 그루가 넘을 때도 있었습니다. 교회의 친분이 있는 분들은 봄이면 필자의 건물 옥상으로 꽃구경을 왔으니까요.

　필자는 이름 있는 화려한 꽃들보다도 이름조차 모르는 들꽃들을 좋아합니다. 알아주든 안 알아주든 자기의 자리에서 꽃을 피우고 소임을 다한 후 갈 때가 되면 조용히 사라지는 그 모습 때문입니다.

사람들은 뭔가 이루어 보려고 부산을 떨고 애를 씁니다. 물론 도전하는 일은 좋은 일입니다. 그러나 그것이 자신의 분수와 한계를 넘어선 과욕일 때가 많습니다. 자신을 알고 조용히 자기 할 일을 하는 것이 중요합니다.

장미꽃은 어여쁘고 향기를 가진 아름다운 꽃입니다. 꽃 중의 꽃은 장미꽃이라고 합니다. 장미꽃은 다른 꽃보다 수명이 길고 4월부터 10월까지 3, 4차례 계속 꽃이 핍니다. 다른 꽃들은 한철 피고 지지만 장미꽃은 꽃이 피는 계절 내내 피어납니다. 과연 최고로 꼽힐 만합니다. 필자의 아내는 흑장미를 좋아합니다. 언젠가 구역 식구들과 예배를 마치고 대공원을 찾을 때 함께하며 카메라에 담은 장미꽃 앞에서의 사진을 최애의 작품으로 액자에 담아서 걸었습니다.

그러나 하나님은 장미꽃만 만드시지 않으시고 온갖 꽃을 만드셨습니다. 호박꽃과 같은 큰 꽃도 만드셨고, 눈에 뜨지도 않는 이름 없는 작은 꽃도 만드셨습니다. 꽃마다 색깔이 다르며 모양도 다르며 향기도 다르게 만드시어 조화되게 하셨습니다.

우리는 하나님이 다양하게 만드신 꽃들과 같습니다. 나는 왜 이렇게 생겼느냐고 한탄할 필요가 없습니다. 나는 최고는 아니어도 유일한 존재입니다. 누구나 존재의 목적이 있습니다. 하나님이 이 땅에 보내신 목적과 나에게 주어진 사명을 알고 나답게 최선을 다해 살면 됩니다.

사람들은 가시적인 것을 가지고 '크다, 많다, 좋다'라고 판단합니다. 그러나 하나님의 판단은 사람과 다릅니다. 높은 곳에서 내려다보면 높고 낮고의 차이가 없는 것처럼 하나님이 보실 때도 마찬가지입니다.

사람들 눈에 드러나지 않아도, 조용히 자신에게 주어진 생명을 사명으로 알고 하나님의 섭리 속에서 살다가 돌아가는 것이 평범한 우리 인생의 본분입니다.

봄이 주는 메시지

봄이 오면 지상의 모든 생명체는 다시 생기를 되찾고 성장을 재촉합니다. 잎사귀를 떨어뜨려낸 나무들은 새순을 내밀고 가지를 키우며 꽃망울을 터뜨려 저마다의 모습을 찾기에 바쁩니다.

휴식기를 가졌던 농부들도 바빠집니다. 논밭갈이를 하고 풍성한 열매를 기대하면서 희망의 씨앗을 뿌립니다. 봄은 우리에게 '희망을 가지라'고 말합니다. 『대지』의 저자 펄 벅 여사는

"힘과 용기는 희망으로부터 스며 나온다"라고 했습니다. 인간의 삶을 지탱시키는 요소는 희망입니다. 사람은 희망으로 사는 존재입니다.

희망은 물이 물고기에게 중요한 만큼 우리에게 중요하며 전기가 전구에 생명력을 주는 만큼 우리에게 생명력을 주며, 공기가 점보제트기에 필수적인 만큼 우리에게 필수적입니다. 만약에 희망의 불꽃이 없다면, 우리는 어둡고 암울한 상황에 빠져들 수밖에 없습니다.

갑자기 직장을 잃고 다른 직장을 구하지 못한 사람들 중에 노숙자가 되는 예가 종종 있습니다. 집에 찾아오는 빚쟁이들이 싫어서, 혹은 돈을 못 벌고 밥만 먹으려니 식구들 눈치가 보여서 아예 집을 나와 버린 것입니다. 노숙자들에게 있어서 가장 힘든 것은 희망을 가질 수 없는 것이라고 생각합니다. 왜냐하면 세상에 자신을 필요로 하는 곳이 없기 때문입니다. 희망이 없으니까 의욕이 생길 수 없습니다.

이런 상태가 오래 지속되면 사람은 완전히 자신감을 상실해 버리고, 나중에는 그들을 필요로 하는 일이 생겨도 정신이 너무 망가져서 아무 일도 할 수 없게 되는 것입니다. 세상에서 가장 두려운 것은 희망을 가질 수 없는 것입니다.

우리가 희망을 가질 수 있는 근거는 무엇일까요? 우리에게 살아계신 하나님이 계신 것입니다. 아이를 낳지 못하여 손가락질을 받으며 인생의 희망을 잃어버렸던 한나는 하나님께 기도하여 사무엘을 얻음으로써 영광스러운 인생을 살게 되었습니다.

이와 같이 한나는 자신이 체험한 하나님을 이렇게 찬양했습니다. "여호와는 죽이기도 하시고 살리기도 하시며 스올에 내리게도 하시고 거기에서 올리기도 하시는도다 여호와는 가난하게도 하시고 부하게도 하시며 낮추기도 하시고 높이기도 하시는도다 가난한 자를 진토에서 일으키시며 빈궁한 자를 거름더미에서 올리사 귀족들과 함께 앉게 하시며 영광의 자리를 차지하게 하시는도다"(삼상 2:6-8).

우리가 믿는 하나님은 인생 역전의 하나님이십니다. 아무리 힘들고 어려워도 낙심하거나 절망하지 말아야 합니다.

봄은 겨울을 보낸 후에 맞이합니다. 우리 인생도 춥고 침울한 겨울을 보내고 나면 따뜻하고 찬란한 봄날을 맞이할 수 있습니다. 어김없이 봄이 다가오듯 인생의 봄도 반드시 다가옵니다.

지저귀는 새소리들이 정겹습니다. 우리도 봄이 오는 소리를 들으며 희망을 노래해야 합니다. 우리는 새 봄을 맞이하면서 희망을 품어야 합니다. 희망만 있다면 얼마든지 견딜 수 있고 참을 수 있습니다.

아름다운 만남

사계절의 시작인 봄은 만남의 계절입니다. 새 봄을 기다리면서 아름다운 만남을 생각합니다. 새 봄과 함께 시작되는 입학, 새 학년으로 진급은 학생들에게는 많은 새로운 친구들을 만날 것이고, 또한 선생님들을 만날 것입니다. "친구 따라 강남 간다"는 말이 있듯이 만남은 중요합니다.

인생은 만남으로 시작됩니다. 만남, 동행, 이별은 우리 인생을 압축한 세 단어라고 할 수 있습니다. 어떤 부모를 만나느냐에 따라 인생의 길이 달라집니다. 모세는 태어나자마자 죽임을 당해야 하는 상황에서 태어났지만 지혜롭고 안목이 있는 부모에게서 태어나 이스라엘 민족을 애굽에서 구출하는 민족의 지도자가 되었습니다.

부모와의 만남은 내가 결정할 수 있는 것이 아닙니다. 좋은 부모를 만나는 경우도 있지만 그렇기 못한 경우도 있습니다. 어떤 만남이라고 할지라도 배후에 하나님의 뜻이 있음을 믿고 주어진 조건과 섭리에 순응할 수 있어야 합니다.

인생은 만남의 연속입니다. 우리는 인생길을 가면서 친구도 만나고, 스승도 만나고, 배우자도 만납니다. 미국 한인사회에서는 "공항에 누가 마중을 나오느냐에 따라 직업이 결정 된다"는 말이 있다고 합니다. 만남의 의미를 생각하게 하는 말입니다.

많은 만남 가운데 가장 중요한 만남 중의 하나는 배우자와의 만남입니다. 필자는 봄이 생일인 아내와의 만남은 봄꽃 그 자체였습니다. 지금은 기후 변하로 인해 봄꽃, 여름 꽃이 동시에 피는 경향이 있지만 몇 해 전만 해도 봄에는 봄꽃, 여름에는 여름 꽃이 피었습니다. 봄이 되면 꽃을 따라 아마도 생일 전후로 두 주간은 다닌 것 같습니다. 배꽃이 떨어질 때까지였으니 그 시절을 그리움으로 추억합니다.

우리는 좋은 사람들을 만나기 원합니다. 그렇다면 나는 다른 사람에게 좋은 만남의 대상인지 생각해 볼 필요가 있습니다. 당신은 부모에게 좋은 자녀입니까? 다른 친구들에게 좋은 친구입니까? 선생님들에게 좋은 제자입니까? 아내와 남편에게 좋은 배우자입니까?

우리 인생에 있어서 최고의 만남은 하나님과의 만남입니다. 모세는 애굽의 공주를 만나 히브리 노예의 아들에서 왕자가 될 수 있었습니다. 그러나 자제력의 부족으로 살인자가 되었고, 도망자가 되어 광야에서 40년 동안 장인 이드로의 양을 치는 인생을 살았습니다.

그러나 호렙 산에서 하나님을 만남으로 80세의 나이에도 불구하고 민족의 지도자로 쓰임을 받았습니다. 하나님을 만나면 인생 역전이 이루어집니다. 하나님을 만나면 우리를 향한 하나님의 뜻과 섭리가 깨달아지고, 그동안의 그 어떤 불행한 만남도 의미 있는 만남으로 변화될 수 있습니다.

농사 준비

봄이 되면 농부는 흙을 만지는 일로 농사 준비를 시작합니다. 단단해진 흙을 깨부수고, 크고 작은 자갈들을 골라내고, 흙에 거름을 넣어서 땅을 비옥하게 합니다.

필자의 어머니는 젊은 시절 전도사로 사역을 하셨습니다. 은퇴 이후 작은 텃밭을 마련하여 일을 하셨는데 그 일이 익숙해지셨는지 놀고 있는 남의 땅을 빌려 농사를 지은 것이 500여 평이나 되었습니다. 처음에는 아버지와 함께 하시더니 병약해지신 아버지가 돌아가시고 난 후 그 일들은 동생들과 필자의 몫이 되었습니다.

봄이면 나물류의 채소를 심고 여름이면 여름에 따른 야채, 가을이 오면 김장용 무와 배추를 심었습니다. 식구들이 먹고 넘칠 정도로 심어서 그것을 이웃에게 나눈 일도 쉽지는 않았습니다. 그로 인해 많은 김장을 해서 신학원생들의 반찬으로 제공하기도 한 적이 있었습니다.

예화를 들어 농사 준비에 대해 적어 봅니다.

나이 많은 한 수도사가 정원에서 흙을 고르고 있었습니다. 그때 그 수도원에 들어온 지 얼마 안 되는 조금은 교만한 젊은 수도사가 그에게 다가왔습니다. 경험 많은 수도사는 후배 수도사에게 이렇게 말했습니다. "이 단단한 흙 위에다 물을 좀 부어 주겠나?"

젊은 수도사가 물을 부었습니다. 그러자 물은 옆으로 다 흘러가고 말았습니다. 그러자 나이 많은 수도사는 옆에 있던 망치를 들어 흙덩어리를 깨기 시작했습니다. 그는 부서진 흙을 모아놓고 젊은 수도사에게 다시 한 번 물을 부어보라고 했습니다. 물은 잘 스며들었습니다.

나이든 수도사는 말했습니다. "이제야 흙속에 물이 잘 스며드는구먼. 여기에 씨가 뿌려진다면 꽃을 피우고 열매를 맺을 것이야. 우리 역시 깨어져야 하나님께서 거기에 물을 주시고, 그럴 때 씨가 떨어지고 꽃이 피고 열매가 맺힐 수 있는 거지. 우리 수도사들은 이것을 '깨어짐의 영성'(spirituality of breaking)이라고 얘기 한다네."

하나님의 은혜를 받기 위해서는 먼저 깨어지는 과정이 필요합니다. 땅은 갈아엎어야 부드러워지고, 연필은 닳아야 글씨가 되고, 마음은 한없이 낮아져야 은혜를 받습니다. 그래서 하나님은 사람을 쓰시기에 앞서 고난을 통해 연단하시는 것입니다.

고난이 다가오면 마귀는 하나님이 사랑하지 않는 증거라고 속삭입니다. 하지만 고난이야말로 하나님의 사랑의 증거입니다. 고난을 좋아하는 사람은 아무도 없습니다. 그러나 하나님은 고난을 통해서 하나님이 기뻐하시는 작품을 만드시는 것입니다.

여름(夏)

여름은 꽃의 계절입니다. 온 세상은 꽃 전시장이 됩니다. 나무들의 개화는 5월을 최고로 하여 점점 떨어지지만 모든 꽃식물의 70%가 온도가 가장 높은 7월에 꽃을 피웁니다. 그 중에서 가장 많이 볼 수 있는 꽃은 무리지어 하얗게 피어나는 망초 꽃입니다.

필자가 자주 여행을 다니던 시절, 들판에 하얀 망초 꽃이 피어 있는 모습은 흡사 메밀꽃이 피어 있는 것 같은 느낌을 줍니다. 메밀꽃을 잘 모르던 시절, 아내에게 망초 꽃을 메밀꽃이라고 속여 먹은 적도 있습니다. 그만큼 망초 꽃이 흐드러지게 필 때면 차창 밖으로 보이는 모습은 흡사 메밀꽃 같이 보이기도 합니다.

또한 여름은 젊은이들의 계절입니다. 꽃과 같이 아름답게 피어나는 젊은이의 모습은 젊음 그 자체로 아름답습니다. 작열하는 태양처럼 열정적으로 일하는 젊은이들의 모습에서 내일의 희망을 봅니다.

구슬땀의 봉사

여름방학이 시작되면 학생들은 봉사 활동을 떠납니다. 봉사 활동을 통해서 새로운 기쁨을 발견합니다. 봉사에도 유행이 있는 것 같습니다. 한동안 대학생 중심의 농어촌 근로 봉사 또는 의료 봉사가 유행이었는데 요즘은 지미 카터의 영향으로 집을 지어 주는 봉사가 새로운 유행으로 등장하는가 하면 요즘은 이벤트를 위한 봉사가 유행되고 있습니다.

이런 봉사는 사람들의 주목을 받습니다. 그러나 이런 모양새 있는 봉사만이 봉사는 아닙니다. 사람들에게 보이는 곳이든 보이지 않는 곳이든, 그 일이 거창하든 그렇지 못하든 간에 다른 사람을 위한 봉사는 모두 아름다운 것입니다.

예전에 필자가 강의하고 있는 신학교의 학생들은 방학이 시작되면 곧바로 3박 4일의 일정으로 봉사 활동을 시작합니다. 어려운 교회들을 찾아가 교회 보수도 돕고, 전도도 하고 봉사도 합니다. 한 교회 당 7-8명씩 배정을 해서 나가는데 학생들과 함께 참여했던 적이 있습니다.

시골에서의 전도는 도시의 경우와 다른 점이 있습니다. 노방 전도, 축호전도가 통하지 않습니다. 시골 사람들은 일하느라 바쁘기 때문에 말로 하는 전도에는 관심을 갖지 않습니다. 시골에서의 전도는 몸으로 해야 합니다. 그들과 함께 일하며 봉사할 때 전도의 기회를 가질 수 있습니다.

농촌에서의 전도는 밭에 잡초를 뽑아내고, 산에서 죽은 가지들을 주워 모으고, 장작을 날라다 쌓고, 농장에서는 모심기를 하듯 일렬로 서서 농산물을 옮기는 작업을 하면서 공동체의 하나 됨을 맛보기도 합니다. 비가 오는 가운데서도 신학생들은 모두 즐겁게 일했습니다. 쉬라고 해도 오히려 더 열심히 일했습니다.

일을 시키면 맘에 들게 일하는 사람이 있는가 하면, 오히려 일거리를 만드는 사람이 있습니다. 어떻게 해서 차이가 나는 것일까요? 나의 일이라고 생각하는 사람은 점검할 필요가 없을 정도로 완벽하게 하지만 나의 일이 아니라고 생각하는 사람은 대충대충 함으로 다시 한 번 손을 봐야 합니다.

헌신적인 봉사는 사람의 마음을 감동시킵니다. 봉사는 사람 사는 재미를 창출합니다. 자발적으로 구슬땀을 흘리며 일하는 그들의 모습이 너무나도 아름다웠습니다.

우리 몸은 약 2백만 개의 땀샘을 통하여 체온을 조절합니다.

땀에는 긴장으로 인한 식은땀과 공포 영화나 경기를 보며 심리적인 압박감으로 흘리는 진땀이 있습니다. 힘겨운 일을 할 때 흘리는 비지땀도 있고, 이를 악물고 죽을 각오로 흘리는 피땀도 있습니다. 그리고 봉사를 하면서 흘리는 구슬땀이 있습니다.

하나님께서는 사람들에게 땀을 흘리며 살라고 하셨습니다. 어떤 일에 몰두하여 흘리는 구슬땀은 체내에 있는 노폐물과 중금속을 배출시킨다고 합니다. 우리가 여러 종류의 땀을 흘리지만 기쁜 마음으로 봉사를 하면서 흘리는 구슬땀은 건강에도 좋지만 하나님 보시기에 참으로 귀한 것입니다.

뿌리 깊은 잡초

여름에 많은 시간을 소모하게 되는 일 중의 하나는 잡초 뽑기입니다. 제초제를 사용하면 간단히 끝낼 수 있지만 그럴 수는 없습니다. 제초제를 사용하면 땅이 죽을 뿐 아니라 땅이 굳어져 뿌리가 살기 어려워집니다. 환경보전을 위해서 힘이 들지만 일일이 잡초를 뽑아야 합니다.

잡초를 제거하려면 뿌리를 뽑아내야 합니다. 그렇지 않으면 얼마 안 있어 다시 무성해집니다. 그런데 잡초는 뿌리를 깊이 내리고 있어 뽑아내기가 쉽지 않습니다.

예수님은 우리의 마음을 길가, 흙이 얕은 돌밭, 가시떨기 밭, 좋은 땅, 네 가지 밭으로 설명하셨습니다(막 4:3-8). 우리 마음은 밭과 같습니다. 마음 밭을 가만히 내버려두면 저절로 잡초가 무성해집니다. 마음 밭이 열매 맺는 좋은 땅이 되려면 부지런히 잡초를 제거해야 합니다.

어느 날, 밭에 잡초를 뽑으면서 우리 마음에 깊이 뿌리박고 있는 욕심을 생각해 보았습니다. 사람들은 끊임없이 불평, 불만하며 자신의 삶에 만족하지 못합니다. 그 원인은 밑 빠진 독과 같은 인간의 욕심 때문입니다.

오늘날 통계상으로 이 땅에 사는 사람들 중 20%의 사람들이 부(富)를 장악하고 있고, 나머지 80%의 사람들이 굶고 있습니다. 우리는 배불러서, 더 이상 먹을 수 없어서 숟가락을 내려놓지만 80%의 사람들은 더 이상 먹을 것이 없어서 숟가락을 놓고 있습니다. 그들을 생각한다면 밥 한 그릇에도 감사함을 담아야 합니다.

많은 사람들이 어렵다고 말하지만 사실은 너무 잘 먹고, 잘 살고 있습니다. 그런데 사람들에게 왜 불평이 있을까요? 끝없는 욕심 때문입니다. 나보다 높은 사람, 나보다 나은 사람, 나보다 잘 사는 사람들만 쳐다보기 때문에 불평불만이 생기는 것입니다.

"탐욕과 행복은 한 번도 만난 적이 없다"라는 말이 있습니다. 다 갖추었다고 행복한 것이 아닙니다. 욕심을 다스리지 못하는 인간은 결코 행복할 수 없습니다.

인간의 행복은 끝없는 욕심을 채우는데 있는 것이 아니라 절제하는데 있습니다. 주어진 환경 속에서 자족하며 범사에 감사할 때 우리는 행복을 누릴 수 있습니다.

노동과 기도

하나님은 인간에게 먹고 살며, 지구를 가꾸고 돌보도록 하기 위하여 노동을 명하셨습니다. 우리는 땀 흘려 일함으로써 먹을 것을 얻고, 하나님이 위탁하신 지구라는 동산이 가시덤불과 엉겅퀴로 폐허가 되지 않도록 일해야 합니다.

예수원의 기도실에는 "기도하는 것이 노동이요, 노동하는 것이 기도다"라는 표어가 붙어 있습니다. 대천덕 신부님은 베네딕트 수도회의 정신을 따라 공동체와 더불어 기도하는 일과 노동하는 일을 쉬지 않았습니다.

기독교 수도원의 영성훈련 속에서 육체노동은 가장 중요한 영혼을 정화하는 몸의 기도였습니다. 기도하는 것과 일하는 것은 동전의 앞뒤 관계입니다. 육체노동을 잃어버린 정신만의 기도는 온실에서 재배한 과일 맛과 같아서 태양 볕에 익은 과일의 단맛이 없습니다. 영적인 일에 종사하는 자일수록 땀 흘려 일하는 노동에 종사해야 한다고 생각합니다.

노동은 죄에 대한 결과로 주어졌지만 도리어 노동은 육체를 지닌 인간의 생존을 위한 필수 불가결의 기초 조건입니다. 노동은 우리의 생각과 기도와 사상을 정화시키며 완성시킵니다. 육체의 거친 노동을 했던 수도사들은 가장 가까이 하나님의 임재를 체험하고 휴식과 안식의 참맛을 알았습니다.

일하고 쉬는 것은 생명의 기본 리듬입니다. 노동은 곧 신성한 기도요, 자기의 창조적 실현이요, 자연과의 사귐이며, 인간을 하나로 묶어주는 생활의 띠로서 공동체의 연대감을 형성하는 힘입니다.

노동은 인간이 가장 구체적으로 하나님의 창조 사역에 동참하는 창조주와의 협동적 창조행위입니다. 오늘 우리의 비극은 종교인들은 그들의 손에서 육체노동을 놓아버렸고, 노동자는 그들의 마음에서 영적 기도를 놓아버렸다는 점입니다.

종교인들은 바울이 평생 텐트 만드는 일을 하면서 복음을 전했던 것처럼, 또한 스피노자가 평생 안경알을 닦으며 철학을 했던 것처럼 노동의 한 직종에 숙달해야 합니다. 그런 후에야 그 사람의 기도는 녹슬지 않고, 추상화되지 않고, 마치 대지에 뿌리를 박고 하늘에 나뭇가지를 편 큰 상수리나무같이 될 것입니다.

여름휴가

본격적인 무더위가 시작되면 사람들은 더위를 피할 겸, 반복적인 생활에 지친 몸과 마음을 쉴 겸해서 산과 들로 그리고 바다로 떠납니다. 그런데 사람들이 해방감을 맛보며 자연을 즐기는 동안 자신들로 인해 훼손되는 환경에 대해서는 별로 관심을 두지 않는 것 같습니다.

산과 들 곳곳에 널려진 빈병과 깡통, 계곡 물가에 아무렇게나 버려진 음식 찌꺼기와 비닐봉지, 자동차 바퀴에 깔려 줄기가 부러진 채 반쯤 누워 있는 관목들….

어디 그것뿐이겠습니까? 필자는 여름휴가 때 설악 해수욕장에서 생긴 일입니다. 물놀이를 즐기던 중 커다란 파도가 밀려와서 휩쓸리는 순간, 버려진 그물의 낚시 바늘에 발가락이 걸려서 옴짝달싹 못하고 힘겹게 바늘을 제거한 아픈 일이 있었습니다. 이런 것 모두는 우리 눈에 익숙한 행락지의 풍경들입니다.

자연은 살아있습니다. 자연에는 자정(自靜) 능력이 있습니다. 자연은 스스로 치유하고 회복합니다. 그렇기 때문에 사람들이 그렇게 어지럽혀 놓아도 생태계는 죽지 않고 유지되고 있는 것입니다. 그러나 이제 자연의 자정 능력도 한계에 다다르고 있습니다.

각성과 책임 의식이 필요한 때입니다. 휴가는 필요합니다. 여름휴가는 지친 몸과 마음을 새롭게 할 수 있는 시간이 되어야 합니다. 그런데 사람들에게 휴가는 휴식의 의미보다는 먹고 마시고 논다는 의미가 강합니다. 건전한 휴가 문화가 정착되지 못한 탓입니다. 가족들과 함께 떠나는 휴가라면 자녀들에게 환경교육, 자연교육을 시키는 기회로 삼는 것은 어떨까요?

환경교육이란 물과 공기, 흙을 오염시키지 않도록 지혜를 배우고 가르치는 것입니다. 예를 들면, 기름기 낀 식기는 직접 물로 씻지 않고 행주나 종이 냅킨 등으로 닦아낸 다음 집에서 설거지 하는 것입니다. 또한 남은 소량의 음식 찌꺼기는 땅 속에 골고루 묻고, 양이 많은 경우에는 다시 가져와야 합니다.

자연교육은 풀, 나무, 곤충, 물고기의 이름과 자연 속에서의 역할을 알게 하는 것입니다. 자녀에게 환경보전의 방법을 가르치기 위해서는 우선 내가 먼저 알아야 함은 물론입니다. 떠나기 전에 환경보전의 방법을 소개하는 책 한 권 쯤 읽어보는 것 또한 좋은 방법입니다.

계곡의 물이 오염되는 큰 원인 중의 하나는 음식 쓰레기에 의

한 것입니다. 음식 찌꺼기는 남기지 않는 것이 상책입니다. 광야에서 예수님은 굶주린 5천 명의 사람들을 배불리 먹이시는 기적을 행하셨습니다. 그 유명한 오병이어의 기적 사건입니다.

예수님은 제자들에게 "남은 조각을 거두고 버리는 것이 없게 하라"(요 6:12)고 말씀하셨습니다. 이에 거두니 남은 조각이 열두 바구니에 찼습니다. 만약 거두지 않았다면 광야는 음식 쓰레기장이 되고 말았을 것입니다.

자연을 사랑하는 사람에게는 그가 처음 자연을 찾았을 때보다 더욱 깨끗한 상태로 유지하고 떠난다는 것이 불문율처럼 되어 있습니다. '버리는 것이 없게 하라'는 예수님의 말씀대로 살아간다면 우리의 자연 환경은 더욱 아름답게 보전될 것이고, 아름다운 자연과 살기 좋은 환경을 다음 세대에 물려줄 수 있을 것입니다.

우리는 오병이어의 기적 사건에서 자원 재활용에 대해서도 교훈을 얻습니다. 자연이 남긴 쓰레기는 썩어 생명의 순환에 기여합니다. 그러나 인간이 만든 쓰레기는 땅과 물과 공기를 오염시키고 있습니다. 버리면 자연을 훼손하는 쓰레기가 되지만 재활용하면 귀중한 자원이 됩니다.

자원 재활용은 자연환경을 보존하는 일이요, 고갈되는 자원을 절약하는 일입니다. 그리스도인은 욕구를 절제하고, 낭비

없는 검소한 생활로써 자원 재활용 운동에 적극적으로 앞장서 야 합니다.

자연 속의 하나님의 섭리

필자가 여름이면 한 번씩 찾던 휴양지가 있습니다. 오대산의 방아다리 약수터 산장입니다. 그곳은 약수터로 유명세를 떨친 곳이기도 합니다. 필자는 학창 시절 강릉에서 살았기에 그 시절부터 그곳을 알게 되었고 이후 줄곧 그곳을 찾았습니다. 그곳에는 당시 장로님 내외가 산장지기로 계셨고, 필자와는 오랜 친분이 있는 분이기도 합니다. 그곳에는 자그마한 기도처가 있는데 필자는 그곳에서 기도하면서 마음의 평안을 얻곤 했습니다.

또한 그곳에서 함께 신앙생활을 하는 교우들과의 쉼을 가진 적이 여러 번 있었습니다. 그곳은 친환경의 힐링 장소이기도 합니다. 여름철에도 온돌방에 불을 지펴야하는 그런 곳입니다.

그곳이 약수터로 유명한 곳인 만큼 많은 사람들이 오고 가곤 합니다. 문제는 그들이 다녀간 후였습니다. 기초 질서가 제대로 지켜지지 않아서 곳곳에 쓰레기가 버려지고, 방치된 오물들로 인해 자연이 탄식하며 몸살을 앓게 되었습니다(롬 8:22). 오염이 된 모습을 보면서 내 몸이 더럽혀지고 상한 것처럼 마음이 아팠습니다.

  사람이 일일이 구석구석 다니면서 물로 오물을 씻고 청소한다고 생각해 보십시오. 그 넓은 곳을 어떻게 무슨 방법으로 청소할 수 있겠습니까? 그런데 폭우가 깨끗이 씻어 내리고 말끔히 청소를 해 주었습니다. 비가 그치자 세상이 너무나도 맑고 깨끗해 보였습니다. 하늘은 눈이 부시도록 푸르고, 나뭇잎은 먼지 하나 없이 정결해졌습니다.

  사람들은 홍수로 인한 피해만을 생각하지만 이처럼 홍수의 유익도 있는 것입니다. 하나님은 때때로 사람이 할 수 없는 일들을 자연을 통해 간단히 해결해 주십니다. 홍수를 통해서 오염된 자연을 정화시키시고, 태풍을 통해 바다의 적조 현상을 사라지게 하십니다.

  고대 그리스 역사학자인 헤로도투스는 '이집트는 나일 강의 선물'이라는 말을 남겼습니다. 이집트가 어떻게 나일 강의 선물일까요? 바로 홍수 때문입니다. 매년 여름 홍수가 날 때마다 나일 강 하류에 비옥한 토사가 쌓여 농사에 유익을 주었던 것입니다. 하지만 이집트 사람들은 홍수를 재앙으로 생각했고, 홍수를 막기 위해 나일 강 상류에 댐을 건설했습니다. 그 결과 홍수는 사라졌지만 옥토도 사라지고 말았습니다.

  우리 삶에도 감당할 수 없는 고난이 폭우처럼 쏟아질 수 있고, 우리가 누리던 것들이 홍수에 휩쓸려 갈 수도 있습니다. 삶 가운데 종종 홍수가 일어나는 이유가 무엇입니까? 우리를 깨끗하게 하시고 우리의 심령을 옥토로 만드시기 위함입니다.

책을 읽으면서 행간(行間)을 볼 수 있어야 하는 것처럼 우리는 자연의 현상들 속에서 배후의 하나님의 섭리를 볼 수 있어야 합니다. 하나님의 섭리는 자연 속에서 얼마든지 찾아볼 수 있습니다.

여름 장마철에 천둥 번개가 치면 어린이들, 혹은 겁 많은 어른들은 두려움과 공포에 떨게 됩니다. 그런데 알고 보면 이 요란한 번개는 세상에 있는 식물들에게 양분을 공급하는 큰 역할을 하고 있습니다.

식물은 번개가 없이는 살수 없습니다. 공기의 80%는 식물에 필요한 질소로 구성되어 있습니다. 하나님은 공기에서 질소를 분리시켜 그 질소를 양분으로 바꾸어 식물에 공급하는 아름다운 계획을 세우셨습니다. 그것이 번개입니다.

번개가 하늘에서 우르릉하고 울릴 때에 생기는 뜨거운 열로 인하여 질소는 빗방울에 녹습니다. 질소가 용해된 빗방울은 온 대지를 촉촉하게 적십니다. 무서운 폭풍우가 지나간 후에 우리는 공기에서 신 냄새를 맡을 수 있습니다.

질소의 시큼한 냄새는 바로 하나님이 식물에게 주신 비료입니다. 그분은 우리에게 쓸모없이 보이는 번개로 하여금 식물이 살 수 있는 비료의 생성 과정을 진행시키고 계신 것입니다.

이 세상의 모든 것이 우연히 생긴 것이 아닙니다. 하나님은 세상 만물에 대하여 계획과 목적을 가지고 계십니다. 우리가 모든 일 가운데 하나님의 섭리를 생각할 수 있게 되면 우리는 범사에 감사할 수 있게 되고, 심지어 재난까지도 감사의 조건으로 삼을 수 있는 것입니다.

시편 기자는 "고난당한 것이 내게 유익이라 이로 말미암아 내가 주의 율례를 배우게 되었나이다"(시 119:71)라고 고백했습니다. 누구나 고난을 유익이라고 말할 수 있는 것은 아닙니다. 안목이 필요합니다. 믿음의 눈으로 하나님의 섭리를 살필 수 있어야 합니다. 그럴 때 우리에게 다가온 고난의 홍수도 내게 유익이라고 고백할 수 있는 것입니다.

가을(秋)

지루한 장마가 지나고 나면 하늘이 맑아지고 높아집니다. 우리는 하늘을 통해서도 계절의 변화를 느낄 수 있습니다. 여름 하늘은 변화무쌍하고 다양합니다. 사람 얼굴만큼이나 복잡한 표정을 지으며 지붕 위로, 도시 위로, 산 위로 그 모습을 드러냅니다. 뭇 사람을 품는 넉넉함을 보이다가도 험상궂은 얼굴로 짜증을 부리기도 합니다.

그러나 천고마비의 계절, 가을이 되면 하늘은 한없이 높고 푸르며 티끌 하나 없이 깨끗합니다. 그 하늘을 바라보고 있노라면 눈과 가슴이 시원해지고 맑아집니다. 무한한 우주 속의 나를 발견합니다. 이 아름다운 가을 하늘을 볼 수 있다는 것은 은혜입니다.

높푸른 하늘을 바라보며

어린 시절, 우리는 밤하늘의 빛나는 별들을 바라보며 자랐습니다. 여름 저녁이면 마당에 모깃불을 지펴놓고 멍석을 깔고 거기 앉아 더위를 식히며 쏟아질 것처럼 영롱하게 빛나는 별들을 헤아리다 잠이 들기도 했습니다.

윤동주 시인은 누구보다도 하늘과 별을 바라보며 노래했던 시인입니다.

> 죽는 날까지 하늘을 우러러 한 점 부끄럼이 없기를 잎새에 이는 바람에도 나는 괴로워했다. 별을 노래하는 마음으로 모든 죽어가는 것들을 사랑해야지. 그리고 나한테 주어진 길을 걸어가야겠다. 오늘밤에도 별이 바람에 스치운다.

그의 시 가운데는 하늘, 바람, 별이라는 단어가 많이 등장합니다. 그것을 보면 그가 짧은 인생을 살았지만 하늘을 바라보며 살았음을 알 수 있습니다.

그리스어로 사람을 '안드로포스'라고 합니다. 이 말은 '위를 보고 걷는 동물'이라는 뜻입니다. 하나님은 모든 동물들이 기어 다니면서 아래를 바라보고 살도록 하셨으나 유독 사람만은 위를 바라보며 살도록 창조하셨습니다.

왜 하나님은 우리 인간을 지으실 때 기어 다니는 존재가 아닌 직립 인간으로 지으셨을까요? 그것은 하늘의 하나님을 바라보며 살도록 하기 위함이었습니다. 인간은 하늘을 바라보며, 하늘에 관심을 두고 살아야 합니다. 이것이 우리 인간의 본질입니다.

옛 소련의 첫 우주 비행사였던 유리 가가린이 우주 비행을 마치고 지구로 돌아와서 기자회견을 하는 자리에서 "내가 하늘로 올라가 봤더니 하나님이 없더라"고 말한 적이 있습니다. 그리고 많은 사람들은 그 말에 마치 큰 진리라도 있는 듯 동요했습니다.

그러나 이와 같은 말은 하나님에 대해 매우 무지한 인간의 태도를 보여주는 것입니다. 우리가 '하늘에 계신 아버지'라고 부른다고 해서 하나님이 정말 하늘에 계시다고 생각하는 것은 아닙니다. 하늘은 '높다, 크다, 넓다'는 의미를 갖고 있는 것뿐이지, 하늘도 하나님이 지으신 피조물일 뿐입니다.

하늘과 땅은 대치되는 개념으로 땅이 물질적이고 유한한 것이라면 하늘은 영원과 초월의 뜻을 담고 있습니다. 하늘은 신적이고 영적인 세계에 대한 상징입니다.

다윗은 하늘을 바라보며 살았던 사람이었습니다. 다윗은 사울에게 쫓기는 상황 속에서도 초장에 누워 하늘에 빛나는 수많은 별과 달을 보며 노래했습니다(시 8:1). 다윗은 깊은 밤 초장에 누워 하늘의 아름다움만을 보지 않았습니다. 그는 하늘에 가득한 창조의 권능과 주의 영광을 보았습니다.

그런데 요즘 현대인들은 눈을 들어 하늘을 쳐다보지 않습니다. 물론 공해로 인하여 별들이 보이지 않기도 하지만 하늘을 쳐다보며 살 수 있는 마음의 여유가 없습니다. 하늘을 바라보며 살아야 할 인간이 하늘을 바라보지 않으니 내가 누구인지를 모릅니다. 창조주 하나님을 모릅니다. 조물주가 누구이고 자신이 피조물인 것을 모르고 살아갑니다.

하나님의 형상대로 지음 받은 인간은 하늘을 바라보고 살아야 합니다. 땅을 쳐다보며 살면 근심과 절망과 불안이 떠나지 않습니다. 한숨과 탄식이 끊이지 않습니다. 생각이 좁아지고 짜증과 불만이 터져 나오기 마련입니다.

그러나 하늘을 바라보고 창조주 하나님을 바라보면 마음이 넓어집니다. 그릇이 커지고 불안이 사라집니다. 순간보다 영원을 사모하게 됩니다. 절망 중에서도 하늘의 소망을 갖게 됩니다. 성도된 우리는 하늘나라 시민입니다(빌 3:20).

성경은 우리에게 말씀합니다. "너희가 그리스도와 함께 다시 살리심을 받았으면 위의 것을 찾으라 … 위엣 것을 생각하고 땅의 것을 생각하지 말라 … 땅에 있는 지체를 죽이라 … 탐심은 우상 숭배니라"(골 3:1-5). 새로운 피조물 된 성도된 우리는 하늘을 바라보며 살아야 합니다.

나무는 땅에 뿌리를 내리고 살지만 하늘을 향해 가지를 뻗습니다. 땅에 깊이 뿌리를 내리는 것은 하늘을 향해 더 높이 올라가기 위한 수단입니다. 땅에서 영양분과 물을 공급받아 하늘을 향해 힘껏 솟아오르는 것입니다.

그리스도 안에서 새로운 피조물이 된 성도된 우리는 세상의 사람이 아니라 하늘나라의 사람입니다. 이 세상에 사는 우리도 땅에 있지만 하늘을 향해 사는 나무입니다. 가을 날 푸른 하늘을 바라보며 영성이 영글어 가는 은혜가 있기를 소망합니다.

사색의 은혜

가을의 쾌적한 환경은 어느 때보다 우리의 감수성을 예민하게 만들어 줍니다. 그래서 사람들은 가을을 사색의 계절이라고 부릅니다. 가을은 그리스도인들에게 묵상하며 하나님의 은혜를 경험하기 참으로 좋은 계절입니다.

묵상의 유익은 자신을 살펴볼 수 있는 기회를 갖는 것입니다. 일에 묻혀 자신을 잊어버리고 살 때가 얼마나 많습니까? 때때로 자연 속에서 침묵하며 고요함 속에서 자신을 두고 자아를 성찰할 수 있다면 우리 삶에도 풍성한 열매가 맺히게 될 것입니다.

모세는 시내 산에서 자신을 발견하는 시간을 가졌습니다. 엘리야도 호렙 산에 홀로 거하는 동안 세미한 하나님의 음성을 들었습니다. 예수님도 공생애를 시작하기에 앞서 광야에서 금식하며 사명을 확인하는 시간을 가지셨고, 바울도 아라비아 광야에서 자신을 발견하는 시간을 가졌습니다.

필자가 자주 찾던 오대산 산장은 세상의 소리가 끊어진 곳입니다. 물소리, 바람소리, 새소리, 자연의 소리만 들립니다. 그야말로 영성 훈련장입니다. 하지만 많은 사람들이 이곳을 찾아와서도 여전히 마음이 분주하여 자신을 돌아보는 시간을 갖지 못합니다. 정확하게 말하면 그 시간을 가지려 하지 않습니다. 현대인이 묵상을 회피하는 이유는 자신의 정직한 모습과 대면하기 싫어하기 때문입니다.

가을의 색

높푸른 하늘, 서늘한 바람도 가을을 느끼게 하지만 온 산을 울긋불긋 물들이는 단풍이야말로 가을의 정취를 한껏 드높여 낭만을 즐길 수 있게 합니다. 일엽지추(一葉知秋)라는 말처럼 나뭇잎을 보면 가을이 왔음을 알 수 있습니다.

　설악산, 오대산 등 강원도 명산들의 단풍은 10월 중순을 전후로 절정을 이룹니다. 형형색색의 단풍이 장관을 이룰 때면 혼자 보기 아깝다는 생각이 들어서 사람들에게 가을 여행을 권하곤 합니다. 이 아름다운 계절에 필자의 생일이 있다는 것도 감사의 조건일 수 있습니다.

　물론 바빠서 한가롭게 단풍 구경을 할 수 없는 사람들도 많을 것입니다. 우리가 세월을 아끼고 열심히 살아야 하지만 때때로 가을 산행을 통하여 대자연의 아름다움을 만끽하는 즐거움을 누리며 재충전을 위해 쉬어가는 지혜도 필요합니다.

　온갖 물감을 뿌려놓은 것 같은 가을 산의 모습을 보노라면 하나님은 최고의 화가라는 생각이 듭니다. 하나님은 색(色)을 창조하셨습니다. 혹자는 "태초에 하나님이 천지를 창조하시니라"(창 1:1)는 말씀을 "태초에 하나님이 색깔을 창조하시니라"고 바꾸어 표현했습니다. 하나님은 첫째 날에 흰색과 검은 색(빛과 어둠)을 만드시고, 둘째 날에 하늘색과 파란색(하늘과 물)을 만드시고, 셋째 날에 황토색과 초록색(땅과 풀)을 만드셨다고 말합니다.

　성경을 보면, 하나님께서는 색깔을 좋아하시는 분이심을 알 수 있습니다. 하나님은 노아에게 일곱 빛깔 무지개로 약속을 하셨습니다. 모세에게 성막을 짓도록 하실 때에는 세세한 부분까지 색깔을 지정해 주셨습니다. 제사장 옷인 에봇을 만들 때도 실 색깔 하나하나에 관심을 보이셨습니다.

오늘날은 색깔의 시대입니다. 상품의 질과 가치를 결정하는 것은 심플한 디자인과 품격 높은 색상입니다. 인간도 마찬가지입니다. 자기 색깔이 없는 사람은 더 이상 환영받지 못합니다.

컬러 전문가인 김민경 교수는 『튀는 색깔이 뜨는 인생을 만든다』라는 책에서 "보면 볼수록 컬러의 힘은 무한하다. 기분만 바꾸는데 그치지 않고 성격까지도 바꿀 수 있는 게 컬러의 힘이다"라고 말합니다.

또한 "정신적으로 불안한 사람에게는 단조로운 옷을 입히고 의욕을 잃은 사람에게는 다양한 색상의 옷을 입히면 차츰 내적인 병이 치유될 수 있다"라고 합니다. 이렇게 색깔의 힘은 대단합니다.

자연의 색은 녹색입니다. 녹색은 색 피라미드 한 가운데 위치한 중성색으로서 휴식과 안정감을 주는 심리적 효과와 심장, 간 질환에 도움을 준다고 알려져 있습니다. 녹색의 효과로 가장 많이 알려져 있는 것은 눈의 피로를 풀어준다는 것입니다. 이는 초록색에서 나온 빛의 광선이 직접적으로 망막에 상을 맺기 때문입니다.

또한 밝은 초록색은 심장 박동을 진정시키고 고요한 도취감까지 불러일으킵니다. 이러한 심리적 안정의 이유로 녹색은 수술실에 들어가는 의사의 의복으로 사용됩니다. 환자뿐 아니라 의사도 침착해야 하는 수술실에서 녹색은 안정을 찾게 해주며, 붉은 색의 피가 튀어도 눈에 잘 띄지 않아 보다 심리적으로 편안하게 일을 진행할 수 있도록 해 줍니다.

봄·여름·가을·계절의 변화에 따라 달라지는 색이 우리 마음과 기분을 다르게 만드는 것을 보면 확실히 색의 힘은 대단합니다. '컬러 테라피'(Color Therapy)에 관심을 가져볼만 합니다.

색깔은 고유한 특성이 있습니다. 빨간색을 싫어하는 것은 자신감과 의욕에 문제가 생겼다는 증거라고 합니다. 흔히 초록색은 자연환경을 상징하지만 금전 운을 가져온다는 속설도 있습니다. 블루 오션(Blue Ocean)은 경쟁자가 없는 시장을 뜻하는 말입니다.

색깔로 리더의 특징을 말하기도 합니다. 골드(Gold)는 카리스마 소유자이고, 레드(Red)는 꼼꼼한 지도자이며, 블루(Blue)는 새로운 시도를 즐기고, 그린(Green)은 평화를 중시하는 인간 중심의 리더입니다.

예수님은 가나의 혼인잔치에 참석하셔서 물을 포도주로 만드셨습니다. 물에서 포도주로 변화되는 과정 중에 가장 뚜렷한 것은 바로 색의 변화입니다. 예수님의 첫 번째 기적은 색깔을 바꾸시는 것이었습니다. 무색무취한 물이 피같이 진한 포도주로 변했습니다.

이 포도주는 예수님의 보혈을 상징하기도 합니다. 예수님의 보혈은 사람을 변화시킵니다. 예수님을 만난 사람은 인생의 색깔이 완전히 변화되었습니다. 어둡고 칙칙한 죽음의 색에서 밝고 생명력 있는 빛깔로 변화되었습니다.

예수 믿는 사람에게는 색깔이 있어야 합니다. 누가 보아도 예수 믿는 사람이라는 것을 알 수 있도록 해야 합니다. 예수 믿는 사람은 자기 색깔을 숨기지 말고 나타내야 합니다. 상황에 따라 변색하는 카멜레온은 신앙인의 모습이 아닙니다. 가정이나 학교나 직장, 어디에서나 그리스도인다운 색깔이 드러나야 합니다.

가을 햇살

꽃을 피웠던 벼는 이제 열매를 맺어 점점 고개를 숙이고 있습니다. 과일들이 익어가고, 밭에서는 고추들이 빨갛게 익어가고, 고구마, 호박들도 여물어가고 있습니다. 그 뒤를 이어 겨울무, 당근, 배추 등이 새로 자라고 있습니다.

저녁노을이 노랗게 지는 어느 날 저녁이었습니다. 짙은 노을이 대지를 뒤덮고 있을 때 멀리 교회당에서 "땡그렁~ 땡그렁~" 종소리가 울려 퍼졌습니다. 그때 들판에서 일하던 부부가 경건히 머리를 숙이고 손을 모아 감사의 기도를 드렸습니다.

"하나님, 감사합니다. 오늘 하루를 주셔서 감사합니다. 농장을 주셔서 감사합니다. 건강을 주셔서 감사합니다. 일할 수 있도록 해 주셔서 감사합니다."

이 아름다운 부부의 모습이 밀레의 화폭에 그려져 유명해진 것은 누구나 아는 이야기입니다.

가을은 한 여름 동안 땀 흘려 가꾼 곡식을 기쁨으로 거두어들이는 감사의 계절입니다. 이른 봄의 경작의 수고와 무더운 여름의 땀의 대가입니다. 쏟아지는 햇볕은 한없는 하나님의 은혜입니다. 그 은혜 안에서 오곡백과가 무르익고 있습니다.

어느 때이든 햇볕이 소중하지만 특히 가을볕은 농부들에게 아주 소중한 존재입니다. 가을에 햇볕이 부족하면 한 해 농사를 망치고 맙니다. 따가운 가을볕으로 인해 곡식들이 익어가며 과일들은 더욱 단맛을 내게 됩니다.

햇살은 부드러워지고 낮 시간이 점차 짧아지면 농부들은 하나님을 의지하게 됩니다. 아직 햇살을 더 필요로 하는 열매들을 보면서 조금만 더 은총의 햇볕을 내려 달라고 기도하게 됩니다.

가을이 되면 마당과 주차장은 김장 준비를 위해 빨간 고추들이 자리를 차지합니다. 하늘이 값없이 내려주는 가을볕에 고추, 호박, 가지들을 말리다보면 나의 영혼 눅눅한 이곳저곳도 샅샅이 드러내서 이 가을볕에 말리고 싶어집니다.

열매 점검

꽃은 하나님의 창조물 가운데서도 걸작입니다. 이 세상에 꽃을 싫어하는 사람은 아무도 없을 것입니다. 꽃이 피는 것은 쉽지 않습니다. 빈들에, 토담 사이에, 그리고 화원에 피어 있는 작은 꽃 한 송이는 세상에 모습을 드러내기까지 소쩍새 우는 길고 긴 인고의 세월을 보냈다는 사실을 우리는 알고 있습니다.

그런데 성경에는 한 번도 우리에게 꽃이 되라거나 인생의 아름다운 꽃을 피우라고 말한 적이 없다는 것은 놀랍습니다. 성경은 꽃의 아름다움(아 5:13)을 말하는 동시에 꽃의 허무함을 말합니다.

"인생은 그 날이 풀과 같으며 그 영화가 들의 꽃과 같도다(시 103:15).

"모든 육체는 풀과 같고 그 모든 영광은 풀의 꽃과 같으니 풀은 마르고 꽃은 떨어지되 오직 주의 말씀은 세세토록 있도다"(벧전 1:24).

이렇게 꽃의 아름다움과 허무함을 동시에 이야기하는 이유는 꽃이 목적이 아니기 때문입니다. 꽃은 과정이지 목적이 아닙니다. 꽃은 아름답지만 그 자체로 생명력은 없습니다. 또한 재생산하지 않습니다. 예수님은 열매 없는 무화과나무를 책망하셨습니다. 우리는 꽃을 피우기 위해서가 아니라 열매를 맺기 위해서 살아야 합니다.

또한 예수님은 "너희가 열매를 많이 맺으면 내 아버지께서 영광을 받으실 것이요 너희는 내 제자가 되리라"(요 15:8)고 말씀하셨습니다. 우리는 하나님을 위하여 열매를 맺어야 하고, 하나님을 통해서 열매를 맺어야 합니다. 우리가 예수님 안에 거하고, 성령님이 우리 안에 거하시면 우리는 언제나 열매를 맺을 수 있습니다.

우리가 맺어야 할 열매는 무엇일까요? "오직 성령의 열매는 사랑과 희락과 화평과 오래 참음과 자비와 양선과 충성과 온유와 절제니"(갈 5:22-23)라고 했고, "빛의 열매는 모든 착함과 의로움과 진실함에 있느니라"(엡 5:9)고 했습니다.

봄은 꽃을 피우고, 여름은 열매를 자라게 하고, 가을은 열매를 거두게 합니다. 우리도 인생의 가을을 맞게 되면 내 인생의 열매는 무엇인지, 그 열매가 얼마나 되는지 점검해 보아야 합니다.

나누는 삶

과일 가게를 지나다 보면 보기도 아름답고 향기로운 과일들이 가득 쌓여 있어 가을의 풍요로움을 느끼게 합니다. 가을은 달콤한 과일을 마음껏 먹을 수 있어 좋습니다. 우리는 가을을 맞이하여 자연으로부터 많은 것을 받고 있습니다. 자연은 말없이 우리에게 나누며 베푸는 삶을 가르쳐 주고 있습니다.

하나님은 우리에게 필요한 모든 것, 그리고 좋은 모든 것을 주셨습니다. 그래서 어느 시인은 이런 시(詩)를 썼습니다.

하나님은 하늘을 만드셨다.
줄 수 있도록
그리하여 하늘은 축복을 내린다.
하나님은 태양을 만드셨다.
줄 수 있도록
그리하여 태양은 따사로이 우리를 지킨다.

하나님은 달을 만드셨다.

줄 수 있도록

그리하여 달은 우리가 가는 길을 은은히 비쳐준다.

하나님은 공기를 만드셨다.

줄 수 있도록

그리하여 우리는 이 공기를 호흡한다.

하나님은 땅을 만드셨다.

줄 수 있도록

그리하여 땅은 모든 열매를 제공한다.

하나님은 인간을 만드셨다.

줄 수 있도록

그러나 인간은 ···.

시는 여기서 끝납니다. 사람만이 아직 주는 것을 배우지 못하고 있습니다.

나누면서 기쁨과 즐거움을 느낄 수 있는 사람이라면 그 사람은 주는 것을 기뻐하시는 예수님의 마음을 닮은 것입니다. 예수님은 하늘과 땅과 그 가운데 있는 만물을 주관할 수 있는 만물의 소유자였습니다. 그러나 우리에게 모든 것을 내어주셨습니다. 스스로 비우고 이 땅에 오셔서 머리 둘 곳이 없는 가난한 삶을 사셨고 자기의 생명까지 내어주셨습니다.

예수님의 나눔에 대한 묵상을 하면서 이해인 시인은 이렇게 기도했습니다.

"주님 당신의 생애는 그렇게도 철저한 나눔의 생애로 부서졌건만 우리의 날들은 어찌 이리 소유를 위해서만 숨이 차게 바쁜지 시시로 당신 앞에 성찰하게 하소서. 진정 당신 안에서가 아니면 나눔의 참뜻을 알지 못하는 우리에게 당신이 세상에서 모범을 보이신 대로 아낌없이 모든 것 내어 주고도 한 끝의 후회가 없는 너그럽고 순수한 마음을 주소서."

부자가 천국에 들어가기가 어렵다는 것은 재물을 탐하면 마음이 어두워져 신앙생활을 하기 어렵기 때문입니다. 욕심이 잉태하면 죄를 낳고 죄가 장성하면 사망을 낳습니다.

지금 우리 시대는 돈이 우상이 되어 있는 시대입니다. 돈만 있으면 다 될 것처럼 착각하며 살고 있습니다. 그러다보니 가진 것을 족한 줄로 여기지 못하고 욕심을 부리다가 힘들어 얻은 명예와 권세를 잃어버리고 부끄러움을 당하게 되는 것입니다.

우리는 이러한 모습을 수없이 보고 있습니다. 더 가지려고 하다보면 욕심의 노예가 되어 결국 패망하게 되지만 나누며 사는 사람은 자유롭습니다.

낙엽의 거룩한 희생

강원도 산자락은 겨울이 빨리 찾아옵니다. 수도권 도심과 오대산이나 설악산을 다니다보면 필자가 살고 있는 도심에서는 낙엽이 물들지도 않았는데 강원도의 산에서는 낙엽이 하나 둘씩 떨어질 정도로 차이가 납니다.

가을이 되어 차갑고 건조한 날씨가 계속되면 나뭇잎은 광합성 작용을 하지 못하게 되고, 그 결과 엽록체가 분해되어 사라지게 됩니다. 그러면 잎에 노랗고 붉은 색만이 남아 아름다운 단풍이 됩니다.

사람들은 단풍의 아름다움만을 노래하지만 그 이면에는 생존의 법칙이 작용하고 있습니다. 나무는 겨울을 넘기기 위해 스스로 나뭇잎을 떨어버리는 것입니다. 낙엽은 나무의 생존 수단입니다. 거룩한 희생이기에 낙엽을 밟는 것조차 송구스럽습니다.

나뭇가지에 매달려 부지런히 자양분을 만들어 냈던 나뭇잎은 제 소임을 마치고 땅에 떨어지지만 그것은 끝이 아니라 새로운 시작입니다. 낙엽은 다시 새 잎을 키우는 영양분이 되기 위해 서서히 썩을 준비를 합니다. 도시에서는 곧바로 거리의 낙엽들을 쓸어 모아 없애지만 인적 드문 숲에서 낙엽은 오래도록 나무뿌리 부근에 쌓인 채 서서히 썩어갑니다. 눈보라 비바람을 맞으며 썩은 낙엽은 어떤 거름보다 좋은 양분이 됩니다.

강원도의 고성으로 가는 진부령이나 속초로 가는 미시령, 양양으로 가는 한계령, 강릉으로 가는 대관령, 홍천으로 가는 구룡령을 넘다보면, 커다란 소나무들이 사시사철 푸릅니다. 특히 바위 자란 소나무는 한 폭의 작품을 연상하게 합니다. 이 모습 때문에 절개를 상징하는 나무로 사람들에게 사랑을 받습니다. 그런데 어느 날 유심히 살펴보니 소나무도 역시 금빛의 솔잎을 떨어뜨리고 있었습니다. 한꺼번에 떨어뜨리지는 않지만 오래된 잎을 하나둘 떨어내고 새잎을 냅니다.

필자의 옥상에도 30년이 넘는 해송 분재가 있습니다. 그 해송 역시 하나 둘씩 잎을 떨치는 것을 볼 수 있습니다. 봄이면 송홧가루가 맺히고 작지만 할 짓은 다합니다. 우리도 살기 위해서, 더 나은 삶을 위해서 과감히 버려야 할 때가 있습니다. 자녀와의 갈등을 풀기 위해 옛 생각과 사고방식을 버려야 하고, 부부간의 문제를 해결하기 위해서 내 고집과 주장을 버려야 합니다. 대인관계를 위해 편견이나 선입견을 버려야 합니다.

현대인들에게 가장 큰 병은 스트레스입니다. 『스트레스와 아드레날린』의 저자 아치발트 하트는 스트레스의 정체에 대해 말하기를 "스트레스는 우리 스스로가 자신을 파괴시킨다는 점에서 여느 질병과 아주 다른 모습의 질병이다"라고 했습니다.

우리가 건강하게 살아갈 수 있는 가장 중요한 방법 중의 하나는 마음을 편안히 하고 스트레스를 받지 않는 것입니다. 스트레스를 극복하려면 조급증을 버려야 합니다. 대부분의 사람들은 너무 분주하게 살아갑니다. '빨리 빨리'는 우리에게 물질적 풍요를 가져다주었지만 이제는 휴식이 필요합니다.

마음의 긴장을 풀고, 때로는 길가의 꽃향기를 맡기 위해 가던 길을 멈추어 설 줄 알아야 합니다. 이런 것은 스트레스로 인한 손상을 막는데 중요한 요소입니다.

그리고 지나친 집착과 욕심을 버리고 마음을 비워야 합니다. 비우고 버리는 것만이 사는 방법입니다. 그 누구도 이 땅에서 영원히 살 수 없고, 또 영원히 가지고 있을 수도 없는데 왜 우리는 그렇게 집착하며 사는 것일까요?

점점 가을이 깊어갑니다. 찬바람에 언젠가 낙엽으로 사라질 단풍잎들을 바라보면서 스스로 생존을 위해 과감히 버림으로써 사는 자연의 지혜를 생각해 봅니다.

겨울(冬)

 높푸른 하늘, 풍요로운 식탁, 형형색색의 단풍 …. 아름다운 자연을 만끽하고 있던 사이에 찬바람이 불기 시작하더니 어느덧 계절은 겨울의 문턱을 넘어서고 있습니다.
 흐르는 세월의 무상함을 느껴 속절없는 감상에 젖어들기는 여느 때보다도 늦가을이나 겨울에 접어들 때가 더욱 그러한 것 같습니다. 그것은 어느 한 시기의 시작이기보다는 종말에 가깝기 때문일 것입니다.
 허무하게 지나가 버린 세월을 한탄하며 머뭇머뭇하는 사이에 낙엽이 지고 가랑잎이 바람에 휘날려가고 찬바람과 눈보라가 몰아닥치는 겨울이 성큼 다가옵니다. 뒤늦게 허겁지겁 서두르지 않으려면 미리미리 겨울을 맞이할 준비를 해야 합니다.

겨울 준비

겨울이 다가오면 옷 정리도 해야 하고, 난방 준비도 해야 하고, 김장을 담가야 하고, 이모저모로 해야 할 일들이 많습니다. 특히 필자의 옥상 정원에는 월동준비를 해야 하는 다육식물과 철쭉 분재 등 다양한 식물들이 있습니다. 그것들을 다 치우고 정리해야 한해를 마무리 셈입니다. 계절이 바뀌면 그 계절에 맞는 생활을 해야 하는 것처럼 인생의 계절이 바뀔 때마다 우리는 거기에 적응할 수 있도록 준비해야 합니다.

그동안 우리나라의 전형적인 겨울 날씨는 삼한사온(三寒四溫)이었는데 그 패턴이 언제부턴가 사라져버렸습니다. 날씨가 변덕스러워 적응하기가 쉽지 않습니다.

무심히 떨어지는 한 이파리를 보고서도 내일이 입동(立冬)을 생각할 줄 알아야 하는데 그 것이 잘 되지 않습니다. 세월의 흘러감을 뜻 깊이 느낄 줄 아는 영혼의 감각이 필요합니다. 또한 계절이 바뀌는 그 의미를 헤아릴 줄 아는 지혜가 필요합니다. 세월은 흐르는 것이고 인생은 지나가는 것이라는 진실을 늘 생각하며 살아야 합니다.

하나님은 우리 인생에도 겨울이 다가오게 하십니다. 직장을 잃고, 경제적인 능력을 잃고, 건강을 잃고, 배우자를 잃어버릴 수도 있습니다. 인생을 지탱하던 끈들이 하나하나 끊어집니다.

계절의 겨울이 다가오는 것을 우리가 거부할 수 없는 것처럼 우리 인생에 다가오는 겨울도 거부할 수 없습니다. 누구나 인생의 겨울을 맞이하게 됩니다. 이것이 우리 인간의 서글픈 운명입니다.

나이가 들어 인생의 무상함을 허전하게 느끼게 되는 이유는 종말 이후에 대해서 확실하게 아는 바가 없고, 종말 이후에 대한 마음의 자세가 준비되어 있지 않기 때문입니다.

인생의 겨울이 다가오면 오늘 당장의 것만 생각하지 말고 내일을 위해 무엇을 해야 할 것인지를 생각하고 나아가 영원한 미래를 준비해야 합니다. 주님 만날 날이 가까웠음을 기억하고 부지런히 창조주 하나님을 찾고, 주께로 더 가까이 나아가야 합니다. 그 어느 때보다도 주님을 만날 준비를 철저히 해야 합니다.

아름다운 죽음

우리의 삶은 출생으로 기억되는 것이 아니라 죽음으로써 기억이 됩니다. 죽음은 인생을 종결짓는 마지막 대단원입니다. "사람이 떠나갈 때는 뒷모습이 아름다워야 한다"라는 말이 있습니다. 뒷모습에는 삶의 이면이 배어 있습니다. 앞은 겉모습이요 뒤는 참모습입니다. 뒷모습이 아름다우려면 머물다 간 자리도 깨끗하고 아름다워야 합니다.

우리가 흔히 대하는 앞모습은 요란한 화장과 치장으로 가득하지만 뒷모습은 진실합니다. 가식과 과장과 허세가 없습니다. 그 뒷모습을 보면 그 모습이 진실인지 아닌지 느낄 수 있습니다. 아마 누군가의 뒷모습이 우리의 마음을 사로잡는 이유는 그 진실성 때문일 것입니다. 앞모습은 말과 수식으로 가득하지만 뒷모습은 말이 없습니다. 그러나 그 말없는 뒷모습이 정녕 더 많은 의미를 전하기도 합니다.

기독교에서는 한경직 목사님이 우리 모두의 인자하고 솔직한 할아버지로서 또한 선생으로서 온유하고 겸손하게 그리고 영혼에 대한 열정을 가지고 언행일치의 삶을 사시다가 아름다운 죽음을 맞이함으로써 세인들에게도 존경을 받는 인물이 되었습니다.

죽음 이후에 사람들로부터 애도를 받고 존경의 대상이 된다는 것은 쉬운 일이 아닙니다. 종종 지도자들이 떠나고 나면 온갖 부정부패가 드러나서 생전의 업적까지 퇴색되는 경우가 있습니다. 아무리 잘 살았다고 하더라도 마지막을 아름답게 장식하지 못하면 그의 삶까지도 격하됩니다.

내게 아직은 능력이 있는 것 같고, 그래서 더 큰 일을 해 낼 것 같아도 하나님이 허락하시지 않는 일이 있습니다. 나는 정말 하고 싶지만 하나님께서 막으시는 일이 있습니다. 하나님께서 막으시는데 모든 수단과 방법을 동원해서 그 일을 이루려고 한다면 결국에는 추한 모습만 남기게 될 것입니다.

병이 났을 때 우리는 온갖 수단을 동원하여 질병을 치료해야 합니다. 이것은 생명에 대한 인간의 의무입니다. 그러나 의술의 한계를 넘어서는 중한 병에 걸리면 그때는 하나님께서 부르시는 줄 알고 생(生)에 대해서 아쉬워하지 말고 가야 합니다.

우리가 사모하는 하나님 나라에 들어가려면 반드시 죽음의 과정을 거쳐야 합니다. 그러므로 안 죽으려고 노력하지 말고 잘 죽으려고 해야 합니다. 삶이 하나님의 은혜이듯이 죽음도 하나님의 은혜입니다.

바라보는 것도 힘이 들 때

춘하추동이 자연의 과정이듯 생로병사는 인생의 과정입니다. 필자가 호스피스 봉사를 하던 시절 많은 환우들을 보게 되었습니다. 그 환우들 중에는 숨 쉬는 것도 힘들어하는 환우들을 만나게 됩니다. 손을 잡아 주고 곁에 있어 주는 것 외에는 그들에게 무엇이라고 위로할 말이 없습니다. 환우들의 고통이

전이(轉移)되어 그들을 바라보는 것도 힘이 들 때가 있습니다.

그 심정은 자녀들이 아플 때는 차라리 내가 아프고 싶은 부모의 심정과도 같을 것입니다. 그러면 우리를 바라보시는 하나님 아버지의 심정은 어떨까요?

예레미야 31장 20절을 보면, 하나님은 "에브라임은 나의 사랑하는 아들 기뻐하는 자식이 아니냐 내가 그를 책망하여 말할 때마다 깊이 생각하노라 그러므로 그를 위하여 내 창자가 들끓으니 내가 반드시 그를 불쌍히 여기리라"고 말씀하고 있습니다.

하나님은 우리를 책망하시지만 아버지가 자식을 대함 같이 불쌍히 여기십니다. 측은지심(惻隱之心)은 곧 하나님의 마음입니다. 하나님의 측은지심의 절정은 성육신입니다. 하나님은 친히 사람의 모습으로 이 땅에 오셔서 사람들이 성장하는 모든 과정을 겪으셨고, 희로애락의 모든 삶을 경험하셨습니다.

예수님은 배고파 하셨고, 피곤해서 주무시기도 하셨습니다. 예수님은 우리의 연약함을 아십니다. 예수님은 기뻐서 웃기도 하셨고, 슬퍼서 눈물을 흘리기도 하셨습니다. 분노하시기도 하셨고, 수치와 고통을 당하시기고 죽음까지 경험하셨습니다. 예수님은 우리의 처지와 형편을 너무나도 잘 아십니다.

우리는 혼자가 아닙니다. 하나님은 우리가 고통을 당할 때 함께 고통을 당하십니다. 성령도 우리 연약함을 도와 말할 수 없는 탄식으로 우리를 위하여 친히 간구하십니다(롬 8:26). 그렇기 때문에 우리는 주님 앞에 나아가 우리의 모든 어려움을 내어놓고 기도할 수 있는 것입니다.

그런데 문제는 하나님이 나를 돌아보지 않는 것 같이 여겨질 때입니다. 기도해도 응답이 없고, 하나님은 전혀 내 문제에 간섭하지 않는 것 같이 생각되면 낙심이 됩니다. 왜 그럴까요? 인내심의 차이입니다.

자녀들이 싸우는 것은 성장의 과정으로 자연스러운 일이지만 부모는 그 광경을 보고 가만히 있지를 못합니다. 곧바로 개입해서 재판관이 되어 싸움을 종결시키려 합니다. 그러나 싸움도 때로는 필요합니다. 서로의 입장 차이를 이해하게 되고 다음에는 그런 일을 겪지 않게 됩니다.

하나님도 우리를 바라보실 때 힘드시는 것은 마찬가지입니다. 그러나 하나님은 깊이 생각하시고 오래 참으십니다. 하나님에게는 침묵이 있습니다. 욥이 고난을 당할 때 하나님은 침묵하셨습니다. 욥에게는 재난과 병든 몸의 고통보다 하나님의 침묵이 더욱 고통스러웠습니다.

하나님은 아브라함에게 8번 나타나셨습니다. 이삭을 얻기 전 5번, 이삭을 얻은 후 3번 찾아오셔서 말씀하셨습니다. 하나님은 아브라함에게 참으로 다정한 분이었습니다. 그러나 하나님의 벗이라고 불리는 아브라함에게도 고통스러운 하나님의 침묵이 있었습니다.

창세기 16장 마지막 절과 17장 1절을 보면, 무려 13년 세월의 공백이 있습니다. 아브라함의 나이 86세에서 99세까지의 기간은 하나님의 침묵 기간입니다. 아브라함은 하나님의 약속을 기다리고 또 기다리다가 지쳐서 체념 상태에 이르게 되었습니다. 하나님은 아브라함을 믿음의 조상으로 세우시기 위하여 그를 연단하셨습니다.

사람은 고난 속에서 정결해지고, 기다림 속에서 인내를 배우고 성숙해집니다. 그러므로 하나님은 가슴 아프지만 참고 지켜보십니다. 우리는 인내해야 합니다. 때로는 바라보기도 힘든 일들이 있습니다. 그러나 깊이 생각하며 인내심을 가지고 하나님의 뜻이 이루어지기까지 기다리며 지켜볼 수 있는 성숙함이 필요합니다.

삶의 여유

2010년 1월은 어느 해보다 많은 눈이 내렸고 날씨도 추웠습니다. 기록적인 폭설과 이어지는 한파로 보일러가 터지고 수도계량기가 동파하는 등 많은 어려움을 겪었다는 기사를 볼 수가 있었습니다. 2023년 겨울도 갑자기 찾아온 한랭전선의 강추위 때문에 수도계량기 동파가 어느 해보다 많았다는 보도를 봅니다.

그런 날씨에다 전 세계 사람들을 불안에 떨게 만들었던 코로나19와 독감이 함께 유행하는 조짐을 보이고 있으며, 러시아의 전쟁은 이스라엘의 전쟁으로 인해 묻혀지고 말았습니다. 그리고 지구촌 곳곳에서 발생하고 있는 지진으로 인한 긴장과 치솟는 물가는 삶을 위축시키는 요인들이 되었습니다.

위기 대처 능력과 현실 적응력이 부족한 사람은 이러한 때 삶의 여유를 잃어버리기 쉽습니다. 어려울수록 정신을 차리고 삶의 여유를 잃지 말아야 합니다. 노련한 어부는 바람이 불 때 돛을 올려 더 빨리 갑니다. 바람이 불어야 연을 날릴 수 있는 것처럼 세찬 고난의 바람이 불어올 때 우리는 그것을 기회로 삼을 수도 있습니다.

나무는 들판에서 자라는 야생 갈대보다 강해 보입니다. 그러나 강한 폭풍이 불어 닥치면 나무는 그 뿌리가 뽑히지만 야생 갈대는 비록 바람에 흔들리기는 해도 그 뿌리가 뽑히지 않으며 폭풍이 지나가면 다시 일어섭니다.

링글린 브라더즈 서커스단이 뉴욕에서 공연을 할 때 있었던 일입니다. 무대에서 조련사가 호랑이 네 마리로 재주를 보이고 있었는데 갑자기 정전이 되었습니다. 관중들은 조련사가 호랑이의 공격을 받지 않을까 염려하며 숨을 죽이고 있었습니다.

어둠 속에서는 조련사가 바닥에 채찍을 치는 소리만이 들려왔습니다. 그러다가 불이 들어왔습니다. 사람들은 조련사가 어찌 되었는지 궁금했습니다. 그런데 조련사는 네 마리의 호랑이와 함께 흐트러짐 없이 의연하게 서 있었습니다.

공연이 끝나고 사람들은 어떻게 캄캄한 어둠 속에서 호랑이를 제압할 수 있었는지 물었습니다. 그러자 그는 이렇게 말했습니다. "어둠 속에서도 호랑이는 나를 잘 봅니다. 나는 호랑이를 보지 못하지만 내가 호랑이를 못보고 불안해하고 있다는 것을 눈치 채게 해서는 안 됩니다. 그래서 어둠 속에서도 밝은 빛 가운데 있는 것처럼 행동했습니다."

조련사가 어둠 속에서도 불안해하지 않고 흐트러짐 없이 호랑이를 대하는 것처럼 우리도 어둠 속에 있을지라도 침착함과 여유를 가져야 합니다. 조바심과 초조, 불안은 오히려 일을 그르치고 건강과 우리의 인생을 망가지게 할 뿐입니다.

만사에 때가 있습니다. 일할 때가 있고 쉴 때가 있습니다. 낮아질 때가 있고 높아질 때가 있습니다. 힘들 때가 있으면 편안할 때가 있습니다. 하나님은 우리 삶에 형통함과 곤고함을 번갈아 주시는 분이십니다(전 7:14). 형통할 때에는 기뻐하고 곤고할 때에는 되돌아보면서 조용히 하나님의 뜻을 살피고 때를 기다려야 합니다. 겨울이 지나면 봄이 오고, 밤이 지나면 아침이 옵니다.

실패했어도, 절망 중에 있을지라도 정신을 차리고 마음의 여유를 가지고 삶을 살아야 합니다. 우리 삶의 주인은 하나님이시기 때문입니다. 우리의 선한 목자가 되시는 주님께서는 자기의 이름을 위하여 우리를 의의 길로 인도하시고, 사망의 음침한 골짜기를 다닐지라도 함께 하시며 주의 지팡이와 막대기로 우리를 안위해 주십니다. 하나님을 믿고 의지하며 여유를 가지고 살아야 합니다.

아름다운 노년

크로스비 여사는 지금도 우리가 부르고 있는 수많은 찬송가의 작사자로서 유명합니다. 그는 어린 시절 질병으로 인해 시각장애인이 됐지만 노년에 이르기까지 그리스도 안에서 아름다운 열매를 맺는 삶을 살았습니다. 특히 인생의 황혼기에 이르러 그가 남긴 말은 지금도 우리의 심금을 울리고 있습니다.

"나는 지금까지 수십 년 동안 명랑한 성격을 기르느라 애써 왔습니다. 왜냐 하면 사람들은 나이를 먹으면서 성격이 변해 다른 이들과 잘 어울리지 못하는 경우를 많이 보아왔기 때문입니다. 그래서 오래전에 이런 결심을 했습니다. 절대 괴팍한 늙은이가 되지 않을 것이며 어디를 가든 늘 명랑한 사람이 되겠다고 말입니다. 원숙하고 풍요로우며 기쁨이 넘치는 노년기를 보내는 것이 나의 목표입니다. 사람들이 두려워하는 사람이 아니라 사람들의 사랑을 받는 노인이 되고 싶습니다."

우리도 그리스도 안에서 자신의 멋진 자화상을 꿈꾸면서 크로스비 여사처럼 노력한다면 언젠가는 다른 사람들로부터 사랑받는 사람이 될 수 있을 것입니다.

인도의 유명한 시인 타골은 "나는 나이가 점점 많아 가므로 내가 젖는 노를 의지하지 아니하고 이제는 돛을 높이 달고 바람을 의지하노라"고 말했습니다. 그래야 합니다. 나 자신을 너무 의지하지 말아야 합니다. 믿음의 돛을 높이 달고 하나님께서 주시는 바람, 하나님의 능력을 의지해야 합니다.

육신의 눈이 어두워질 때 신령한 눈이 밝아집니다. 나뭇잎은 떨어질 때가 가장 아름답습니다. 과일은 가을이 되어 익을 때가 제일 아름답습니다. 곡식도 거두게 될 때에 제일 아름답고, 햇볕도 서서히 저물어 갈 때가 가장 아름답습니다.

인생의 노년 시대도 인격과 믿음이 완숙하고 아름다워질 때입니다. 온유하고, 겸손하고, 진실하고, 원만하고, 이해성이 많고 온전한 그리스도인의 인격을 기를 때입니다. 그렇기 때문에 우리가 늙어가는 것은 서글프지 않습니다. 추한 늙은이로 죽는 것은 불행한 일입니다. 노년 시대는 인격이 완숙하고 아름다워 질 때입니다. 아름다운 노년 그것은 참으로 모든 이들에게 힘을 주는 좋은 모델이 되어야 합니다. 그리고 마지막까지 주어진 사명을 감당해야 합니다.

시편을 보면 시인은 "늙은 때에 나를 버리지 마시며 내 힘이 쇠약한 때에 나를 떠나지 마소서 … 하나님이여 내가 늙어 백발이 될 때에도 나를 버리지 마시며 내가 주의 힘을 후대에 전하고 주의 능력을 장래의 모든 사람에게 전하기까지 나를 버리지 마소서"(시 71:9, 18)라고 기도했습니다.

시인의 기도는 단순히 오래 살게 해달라는 것이 아닙니다. 사실 누구에게나 오래 살고 싶은 본능이 있습니다. 없다고 말하는 사람이 있다면 자신을 속이고 있거나 거짓말을 하는 것입니다. 하지만 그저 본능적으로 오래 산다고 하면 무슨 의미가 있겠습니까? 오래 사는 데는 의미가 있어야 합니다.

시인에게는 분명한 이유가 있었습니다. 그것은 주의 힘을 후대에 전하고 주의 능을 장래 모든 사람에게 전하기까지 버리지 말아 달라고 하는 것이었습니다.

사람이 늙으면 젊은 사람이 갖기 어려운 귀한 보배를 갖게 됩니다. 그것은 오랜 세월을 지나는 동안에 얻은 경험과 지혜입니다. 성경은 "늙은 자에게는 지혜가 있고 장수하는 자에게는 명철이 있느니라"(욥 12:12)고 말씀하고 있습니다. 노인들은 지혜를 가지고 젊은이들이 성공적으로 인생길을 갈 수 있도록 안내해 주어야 합니다.

코미디언 번즈라는 사람은 고령의 나이에도 무대 활동을 했습니다. 그는 1996년 1월 20일에 100세를 맞았습니다. 그는 그 날로부터 4주간 무대에 서도록 런던의 한 방송국과 계약을 맺기도 했습니다. 그는 이러한 말을 한 적이 있습니다. "늙는 것을 걱정하지 말라. 녹스는 것을 걱정하라."

육체보다는 마음에 녹이 슬지 않도록 사는 것이 장수의 비결이라는 것입니다. 그래서 그는 배역을 맡을 때도 언제나 자기의 나이보다 젊은 역을 맡으며, 또 평소의 생활에서도 나이보다 20년쯤 젊다고 생각하며 살아간다고 합니다.

그는 코미디언답게 이런 유머를 한 적도 있습니다. "언제나 젊음을 간직할 수 있는 비결은 정직하게 살고, 천천히 먹으며, 충분히 수면을 취하고, 욕심을 품지 말며, 가끔 나이를 속여서 농담하며 살아가는 일이다."

그는 우리가 새겨들어야 할 가치 있는 말을 했습니다. "나는 저 세상에 이미 오래 전에 등록을 다 마쳐 놓았기 때문에 은퇴도 없고, 또 죽음이라는 것도 없다."

　서양 사람들에 비해 우리는 너무 빨리 늙는 것 같습니다. 육체보다도 먼저 마음이 늙어버리고 맙니다. 젊은 기분으로 살아갑시다. 내 나이보다도 한 20세 정도는 젊게 살아야 합니다. 그러기 위해서는 운동은 선택이 아닌 필수입니다. 필자의 블로그에 이웃인 어느 권사님의 글을 보면 매일 같이 하루 만보 이상을 걷는 다고 합니다. 그것이 건강을 지키는 비결이며 젊어지는 비결의 종착역입니다.

에필로그

자연과 더불어

 이 책을 통해 인간의 자생력과 자연의 치유력을 믿고 이를 통해 치유와 회복을 얻고자 하는 이들에게 조금이나마 도움이 되었다면 기쁘고 감사할 뿐입니다.
 필자는 지난 사고를 당한 이후 운동의 절실함을 느꼈습니다. 아침 일찍 가까운 산의 둘레 길을 걷기도 하고, 때로는 가까운 거리에 있는 대공원을 찾아 둘레 길의 숲을 걸으며 산행을 하다 보면 자연과 하나 되는 느낌을 받습니다. 운동을 하기 전까지는 운동을 하면 좋다는 것은 알지만, 집 안에 앉아서 운동을 해야 하는 데가 아니라 생각을 바꾸니 마음도 바뀌어 행동으로 나타나는 것입니다.
 우리의 삶은 우리 생각의 차이에 따라서 완전히 다른 세상으로 변합니다. 존 템플턴은 "마음속에서 일어난 생각은 그 속성상 밖으로 드러나게 마련"이라고 했습니다. 80-20법칙에 의하면 20%의 생각이 80%의 삶을 좌우한다고 합니다.

이처럼 자연은 우리의 일부입니다. 자연으로 돌아가는 길은 나에게로 돌아가는 길이요, 자연에 대한 재발견은 나에 대한 새로운 인식이기도 합니다. 자연은 하나님의 은혜입니다. 우리가 정도를 걸어갈 수 있는 진리를 가르쳐 주며, 우리의 치유와 회복, 생존과 건강을 위해 너무도 많은 것을 선물하고 있습니다.

감사하게도 우리나라 산에서 나는 나무와 풀의 잎사귀는 모두가 약재입니다. 산을 자주 찾는 사람은 잔병을 앓지 않습니다. 우리는 자연과 더불어 살아야 합니다. 그러려면 자연을 사랑하고 아껴야 합니다. 자연이 오염되지 않도록 노력해야 합니다. 자연이 건강해야 우리도 건강할 수 있습니다.

오염되지 않은 대자연 속에서 하나님이 주신 생명의 신비를 느끼며 살아가기를 소원해 봅니다.

마지막으로 이 글을 읽은 독자들이 자연과 더불어 살아감으로써 영혼과 육체가 건강하고 행복하기를 소원해 봅니다.

치유와 회복의 영성

초판 1쇄 발행 2024. 2. 5.

지은이 염성철

발행인 이미숙
펴낸 곳 도서출판 해븐

등록번호 제2005-13호
등록된 곳 경기도 고양특례시 일산서구 산현로 92번길 42
출판부 031-911-1137

ISBN 979-11-87455-54-7(03230)

copyright ⓒ도서출판 해븐 2024〈printed in korea〉

> 도서출판 해븐은 하나님의 백성들이 주기도를 통해서 날마다 기도하는 대로 이 땅에 하나님 나라가 이루어지고 주님께서 다시 오셔서 영원한 하나님의 나라가 임하기까지 하나님의 나라를 전하고 세우는 일을 계속할 것입니다.

* 잘못된 책은 구입하신 곳에서 교환해 드립니다.